射击训练指导与心理建设

张 玮 著

吉林大学出版社
·长春·

图书在版编目（ＣＩＰ）数据

射击训练指导与心理建设 / 张玮著. -- 长春 : 吉林大学出版社, 2021.11
ISBN 978-7-5692-9755-3

Ⅰ.①射… Ⅱ.①张… Ⅲ.①射击运动—运动训练—研究②射击运动—体育心理学—研究 Ⅳ.①G871

中国版本图书馆CIP数据核字(2021)第253701号

书　　名	射击训练指导与心理建设	
	SHEJI XUNLIAN ZHIDAO YU XINLI JIANSHE	
作　　者	张　玮　著	
策划编辑	安　萌	
责任编辑	米司琪	
责任校对	杨　宁	
装帧设计	周　凡	
出版发行	吉林大学出版社	
社　　址	长春市人民大街 4059 号	
邮政编码	130021	
发行电话	0431-89580028/29/21	
网　　址	http://www.jlup.com.cn	
电子邮箱	jldxcbs@sina.com	
印　　刷	天津和萱印刷有限公司	
开　　本	880mm×1230mm　1/32	
印　　张	4.875	
字　　数	120千字	
版　　次	2022 年 5 月　第 1 版	
印　　次	2022 年 5 月　第 1 次	
书　　号	ISBN 978-7-5692-9755-3	
定　　价	48.00 元	

前　言

随着社会的发展，人们对于我国体育事业的发展也越来越关注。射击作为一项深受人们喜爱的竞技体育项目，也受到了社会各界的关注。射击是一项非常重要的体育运动，射击运动的开展与运动员的心理因素有着密不可分的联系，射手各方面都需要保持稳定，无论是在心理上还是生理上，都要保持一定的协调性以及持续性。在实际研究中，运动员取得什么样的射击成绩，其实不仅仅与自身的水平息息相关，与运动员心理也有着非常紧密的联系。因此，在射击运动的实际开展中，心理因素也是一定要重视的。

本书围绕射击训练指导与心理建设展开研究，全书在内容安排上共设五章：第一章是射击运动概述，内容包括射击比赛项目简介、我国射击运动的发展演进、射击运动的市场化运营模式；第二章是气枪射击训练指导，内容涉及气枪的基础知识、气手枪的射击训练、气步枪的射击训练；第三章围绕体能训练概述、射击运动的专项体能训练、射击运动体能训练的内容与阶段、射击运动员体能训练的有效方法四个方面探讨射击的体能训练指导；第四章解析射击运动员的心理素质建设，内容囊括体育锻炼与心理健康概述、射击运动员易形成的心理问题与改善、射击运动员心理素质的提高策略、射击运动心理训练的常用方法启示；第五章基于射击训练中的竞技心理、射击比赛中的竞技心理、射击比赛后的心理疏导三方面，研究射击运动员比赛期的心理调控。

　　本书从射击的基础知识出发，遵循科学性与适用性原则，层次鲜明、结构清晰，兼顾一定的体系性，以全新的构架，提纲挈领地将射击训练与心理建设的相关内容进行归纳、整合，以此增进读者对射击运动的了解。全书结构科学、论述清晰、客观实用，力求达到理论与实践相结合。

　　笔者在撰写本书的过程中，得到了许多专家学者的帮助和指导，在此表示诚挚的谢意。由于笔者水平有限，书中所涉及的内容难免有疏漏之处，希望各位读者多提宝贵意见，以便笔者进一步修改，使之更加完善。

张玮

2021 年 1 月 12 日

目　录

第一章　射击运动概述

　　射击运动在我国是一个较为"年轻"的体育项目。1951年，共青团中央军事体育部在北京开展军用步枪射击业余训练活动，开启了我国射击运动的先河。二十世纪五六十年代，我国射击运动处于起步阶段，主要作为军事体育项目开展，并涌现出一批打破世界纪录的优秀射手。1973年起，一些省市恢复射击队专业训练。20世纪80年代初期，我国射击运动异军突起，开启了"冲出亚洲，走向世界"的模式。从20世纪90年代开始，我国射击在步枪和手枪项目上成绩斐然，一跃进入世界射击强国的行列。本章内容包括射击比赛项目简介、我国射击运动的发展演进、射击运动的市场化运营模式。

第一节　射击比赛项目简介

　　射击运动是在狩猎和军事活动中诞生的。火绳枪射击比赛瑞士在15世纪就举办过。欧洲国家在19世纪初就进行过射击活鸽子的游戏，现代射击比赛基本就是来源于这些活动。雅典在1896年举办了首届奥运会，射击比赛在这届奥运会上的项目有5个。第一届世界射击锦标赛是于1897年举办的。我国射击运动员许海峰在1984年的第23届奥运会上为中国赢得了首枚奥运金牌。

1

一、射击比赛的硬件要求

(一) 靶

奥运会手枪项目和步枪项目都采用国际射联认可的电子靶。在飞碟项目中，碟靶的直径为110毫米，厚度为25~26毫米，质量为105克，颜色为白、黄或橙色等鲜艳颜色，决赛中必须使用闪光靶。

(二) 射击者的着装

(1) 步枪项目：参加步枪项目的射手必须遵照国际射联的规定进行着装，包括射击上衣、射击裤、射击鞋、射击手套和射击皮带等。比赛前射手需进行检查，确保着装符合规则要求。

(2) 手枪项目：射手不需要特殊着装，允许穿专用射击鞋，这种鞋稳定性强，鞋底坚硬，面料为皮革或纤维。

(3) 飞碟项目：飞碟射手的着装没有特殊要求，但双向飞碟的射手必须在其射击服上佩戴国际射联正式的标志带。标志带长250毫米，宽30毫米，黄色镶黑边，必须永久性地缝制在肘尖下水平位置的射击服上，以便裁判员可以随时观察到射手在发射的瞬间是否犯规。

(三) 枪支

(1) 猎枪：飞碟比赛中，射手可使用口径不超过0.12厘米的双管猎枪。由于多向飞碟项目的射程更远，为确保远距离的准确性，这些项目的枪管应该更长，枪管范围为76~81厘米。一般双向飞碟用枪的枪管长度为66~71厘米[①]。

(2) 步枪：参赛的步枪必须符合国际"标准步枪"的定义要求，

---

① 陈传生，张翼. 射击运动武器 [J]. 轻兵器，2020(03)：48-55.

一般都是小口径，0.22厘米是口径的上限。一般比赛的统一口径为0.177厘米，而且子弹都是铅制的。射手只可使用金属瞄准器，不允许使用光学瞄准镜。几乎所有参赛者都使用小孔径瞄准器。

（3）手枪：比赛用手枪有严格的规定。手枪速射枪管口径一般为0.22厘米，重量不超过1260克，弹膛口径0.22厘米。女子25米手枪慢射使用的是0.22厘米口径的弹膛，而且满膛重量不能超过1400克，并且枪管不能超过153厘米。当然自选手枪除外，自选手枪只要满足口径要求即可。

(四) 子弹

用于10米项目的手枪和步枪子弹为4.5毫米；25米和50米项目为5.6毫米。对于飞碟项目，选手通常使用12号口径的子弹，弹丸的装填量不得超过24克。

二、比赛规则

(一) 步枪项目的比赛规则

步枪项目分为10米步枪项目和50米步枪项目，每个小项都采用电子靶。成绩统计方法如下：射手在射击时可按照不同的项目选择立姿、卧姿或跪姿。射手在资格赛阶段的成绩为每发子弹10环、9环、8环……依次往下。到了决赛阶段，每环的环值又被划分成10个，10.9环为最高成绩。比赛规定时间中也包括试射时间。

男子10米气步枪：在资格赛中，射手要在105分钟内用立姿完成60发子弹的射击，射手与靶子之间的距离是10米。试射对子弹数量没有规定。成绩为前八名的射手可以进入决赛。射手在决赛中的子弹为10发，每发子弹要在75秒内射出。

女子10米气步枪：在资格赛中，射手要在105分钟内用立姿完成60发子弹的射击，射手与靶子之间的距离是10米。试射对子弹数量没有规定。成绩为前八名的射手可以进入决赛。射手在决赛中的子弹为10发，每发子弹要在75秒内射出。

男子50米步枪三姿：在资格赛中，射手要在60分钟内、75分钟内和45分钟内分别用跪姿、立姿和卧姿完成40发子弹的射击，射手与靶子之间的距离是50米。试射对子弹数量没有规定，也不会计入成绩。成绩为前八名的射手可以进入决赛。射手在决赛中的子弹为10发，每发子弹要在75秒内射出，采用的姿势为立姿。

女子50米步枪三姿：射手要在135分钟内分别用跪姿、立姿和卧姿完成20发子弹的射击，射手与靶子之间的距离是50米。试射对子弹数量没有规定。成绩为前八名的射手可以进入决赛。试射对子弹数量没有规定，也不会计入成绩。成绩为前八名的射手可以进入决赛。射手在决赛中的子弹为10发，每发子弹要在75秒内射出，采用的姿势为立姿。

男子50米步枪卧射：在资格赛中，射手要在75分钟内用卧姿完成60发子弹的射击，射手与靶子之间的距离是50米。试射对子弹数量没有规定，也不会计入成绩。成绩为前八名的射手可以进入决赛。射手在决赛中的子弹为10发，每发子弹要在45秒内射出。

（二）手枪项目的比赛规则

手枪项目包含10米项目、25米项目以及50米项目，所有小项均为电子靶。成绩统计方法如下：射手在射击过程中是无依托的，姿势为立姿，并且单臂持枪，射手在资格赛阶段的成绩为每发子弹10环、9环、8环……依次往下。到了决赛阶段，每环的环值又被划分成10个，10.9环为其中的最高成绩。比赛规定时间中也包括试射时间。

（1）男子 10 米气手枪 60 发：在资格赛中，射手要在 105 分钟内完成 60 发子弹的射击，射手与靶子之间的距离是 10 米。试射对子弹数量没有规定，也不会计入成绩。成绩为前八名的射手可以进入决赛。射手在决赛中的子弹为 10 发，每发子弹要在 75 秒内射出。

（2）女子 10 米气手枪 40 发：在资格赛中，射手要在 75 分钟内完成 40 发子弹的射击，射手与靶子之间的距离是 10 米。试射对子弹数量没有规定，也不会计入成绩。成绩为前八名的射手可以进入决赛。射手在决赛中的子弹为 10 发，每发子弹要在 75 秒内射出。

（3）女子 25 米运动手枪 60 发：在资格赛中，射手要完成两个阶段的射击，每个阶段 30 发子弹，射手与靶子之间的距离是 25 米。射手在慢射阶段要完成每组 5 发共 6 组的射击，每组射击的时间不能超过 5 分钟；射手在速射阶段要完成每组 5 发共 6 组的射击，每次射击的时间不能超过 3 秒钟。成绩为前八名的射手可以进入决赛。射手在决赛中为速射射击，每组 5 发共 4 组。

（4）男子 50 米手枪慢射 60 发：在资格赛中，射手要在 120 分钟内完成 60 发子弹的射击，射手与靶子之间的距离是 50 米。试射对子弹数量没有规定，也不会计入成绩。成绩为前八名的射手可以进入决赛。射手在决赛中的子弹为 10 发，每发子弹要在 75 秒内射出。

（5）男子 25 米速射手枪 60 发：在资格赛中，射手要完成两个阶段的射击，每个阶段 30 发子弹，5 发子弹一组，共 6 组，射手与靶子之间的距离是 25 米。前两组每组的射击时间不能超过 8 秒；中间两组每组的射击时间不能超过 6 秒；后两组每组的射击时间不能超过 4 秒。成绩为前六名的射手可以进入决赛。射手在决赛中的子弹为每组 5 发共 4 组，射击时间不能超过 4 秒。

(三)飞碟项目的比赛规则

在飞碟多向、双向、双多向项目中，射手都采用立姿，对进入射手视线的规定碟靶进行射击。成绩统计方法：击中1个碟靶，计为1中，击中碟靶最多者获胜。

1. 飞碟多向

男子：资格赛中，射手打5组，每组25个碟靶，共射击125个碟靶。排名前6名的射手进入决赛。决赛中，每位射手射击25个碟靶。

女子：资格赛中，射手打3组，每组25个碟靶，共射击75个碟靶。排名前6名的射手进入决赛。决赛中，每位射手射击25个碟靶。

2. 飞碟双向

男子：资格赛中，射手打5组，每组25个碟靶，共射击125个碟靶。排名前6名的射手进入决赛。决赛中，每位射手射击25个碟靶。

女子：资格赛中，射手打3组，每组25个碟靶，共射击75个碟靶。排名前6名的射手进入决赛。决赛中，每位射手射击25个碟靶。

3. 飞碟双多向

男子：与多向不同的是，飞碟双多向比赛时同时抛出两个碟靶，高度为3~3.5米，每位射手必须对两靶射击。资格赛中，射手打3组，每组50个（25对）碟靶，共射击150个碟靶。排名前6名的射手进入决赛。决赛中，每位射手射击50个（25对）碟靶。

女子：同男子飞碟双多向一样，射手打3组，每组40个（20对）碟靶，共射击120个碟靶。

三、射击运动的重要赛事与组织机构

(一) 射击运动的重要赛事

(1) 世界射击锦标赛。世界射击锦标赛是国际射击联盟组织的国际射击比赛，始于 1897 年，每年一届，1954 年后改为四年一届。比赛项目开始只有 5 项，后增加至 52 项。

(2) 奥运会射击比赛。首次奥运会射击比赛是在 1896 年开始的，当时射击比赛仅有 5 个项目，来自 7 个国家和地区的 61 名运动员参加了第 1 届奥运会男子射击比赛。后项目逐渐增加，1920 年第 7 届奥运会上增加到 21 个项目，也是迄今为止历届奥运会中射击设项最多的一次。

(3) 全国射击冠军赛。全国射击冠军赛是由国家体育总局射击射箭运动管理中心、中国射击协会主办的射击比赛。1962 年 9 月 9 日至 20 日，首届全国射击冠军赛在武汉举行。

(二) 射击运动的组织机构

(1) 国际射击联合会。国际射击联合会 (International Shooting Sport Federation, ISSF)，简称国际射联。它于 1907 年 7 月 17 日在瑞士苏黎世成立，1915 年解散，1921 年重新组建，1939 年再次中止活动，直到 1947 年才重新恢复。国际射联现有会员 154 个 (有的国家和地区按不同项目设立了几个协会加入)，分属非洲、美洲、亚洲、欧洲和大洋洲五个大洲联合会。正式工作用语是德、英、法、俄和西班牙语，文本语言是英语。国际射联总部设在德国的慕尼黑。

(2) 亚洲射击联合会。亚洲射击联合会，于 1966 年 12 月成立，总部设在韩国。该会的宗旨是推动和指导业余射击运动的开展，增强亚洲各射击协会之间的友谊，鼓励发展亚洲国家射击运动员与世

界各国射击运动员之间的友好关系；举办和监督亚洲射击锦标赛。亚洲射联最高权力机构为代表大会，每两年举行一次，每个正式会员在代表大会上享有两票表决权。代表大会闭会期间由执行委员会负责处理日常事务，执委会由主席、3名副主席、秘书长和9名执委组成。

（3）中国射击协会。中国射击协会（Chinese Shooting Association, 缩写为 CSA）。它于1956年在北京市石景山区成立，是中国射击运动的全国性群众组织，是中华全国体育总会领导下的单项运动协会之一，现任主席是梁纯。协会会员由从事射击运动的教练员、运动员、裁判员、工作人员以及热爱射击运动的社会人士组成。

第二节　我国射击运动的发展演进

射击作为世界性运动竞赛项目始于1896年雅典奥运会。在1984年第23届洛杉矶奥运会上，我国运动员首夺射击项目冠军，并实现了我国参加夏季奥运会金牌零的突破。除1988年第24届汉城（现改称首尔）奥运会外，第23～31届夏季奥运会上，我国射击选手都有上佳表现，屡屡摘金夺银。从许海峰夺得第一枚奥运会手枪射击金牌起，我国先后有18名射击运动员在奥运会上夺取22枚金牌。射击项目也从20世纪90年代起成为我国竞技体育的优势项目，并连续在六届奥运会上夺金。

射击运动作为我国竞技体育的传统优势项目，经历了岁月的洗礼与时代的考验，在不同时期为人们留下了难忘的记忆。

一、中华人民共和国成立前我国射击运动开展状况

我国是发明"火药""火枪""铁铳"最早的国家，但清朝"闭关锁

国"的政策，使枪弹武器的发展处于停滞和衰退的状态。辛亥革命前后，面对清政府的腐败统治与外强的侵略，爱国人士纷纷购置武器，组织革命武装，射击活动很快在一些学校和社会上开展起来。1917年我国建立中华义勇军射击队，多次在比赛中获奖，后因军阀混战、政治形势的多变而停止了活动。1927年，在毛泽东"枪杆子里面出政权"的口号鼓舞下，军队和根据地的射击活动十分活跃。每逢重大节日，庆祝胜利或汇合大练兵运动，都要召开运动会，射击表演和比赛是主要项目之一。据不完全统计，仅1933年，中央苏区举行体育运动比赛2万余次，这些运动会几乎都离不开射击、投弹等军事体育项目。1937年为庆祝建军十周年，在延安举行了盛大的运动会，射击、刺杀、投弹作为当时的三大军事技术，均列入运动会，备受老一辈革命家的青睐。

二、中华人民共和国成立后我国射击项目发展历程

(一) 准备阶段 (1951—1954 年)

中华人民共和国成立之初，受当时国内环境影响，发展体育运动既是人们强健体魄、追求健康的重要生活手段，也是完成国防事业的重要任务。1950年，中国青年代表团访苏考察归来后，建议国家重视加强青年国防教育。时隔一年，刘少奇便提出引进苏联国防教育模式，建立中央国防俱乐部，增强国防后备力量[①]。1951年9月，周恩来建议成立"中央国防体育俱乐部"，并在人民群众中首先开展射击、摩托车、航空模型三个重点项目。其中，为贯彻中央关于"全民皆兵"的战略思想，射击运动得到了较为广泛地开展和普及。据原

---

① 马杰，米靖. 基于历史观视角对我国射击运动项目发展规律的研究 [J]. 山东体育学院学报，2017，33(04)：87-91.

国家射击集训队总教练赵国瑞介绍，1953年仅在北京经过培训的射手就有21 000多人。

1953年，我国建立了国内第一个射击运动靶场——北京天坛靶场。1954年，中央国防体育俱乐部举办了一次为期半年的国防体育专业干部培训班，为射击运动培养了大批管理人才。同年9月8日，国际射击联合会致函中华全国体育总会，接纳中华全国体育总会为会员，至此，国内射击运动实现了与国际接轨的夙愿。

(二) 创始与发展阶段 (1955—1965年)

1955年，北京举办"社会主义国家国际射击友谊赛"，这是国内射击运动国际交流的重要历史开端。为更好地参赛，3月15日，中央选拔出男射手115人、女射手56人，首次组成国家射击集训队，并设男、女步、手枪项目。其中，当时的国家射击集训队与八一队属同一支队伍，除6名队员来自全国重点城市外，其余队员、领队、教练员均来自军队，因此，管理模式上主要采用军事化管理，这也是国家射击队传统的军事化管理的缘由。集训过程中，集训队邀请了苏联的一些功勋教练员、运动员及射击专家来华传授训练、管理方面的经验，并对各种比赛专用枪支的使用方法进行指导。为给运动员提供良好的比赛环境，办好比赛，在苏联等社会主义国家支持下，集训队在北京西郊专门筹建了综合性射击场——北京射击场。经过半年多的刻苦训练，在11月举行的比赛中，我国射击队团体排名列居8个参赛国中第四位。

中国射击队在首次国际比赛中就初露锋芒，引起了苏联及东欧各国的关注与赞扬，极大地激发了我国射击爱好者的热情。

1956年10月，中国射击协会在北京成立，标志着中国射击运动进入更加规范发展的阶段。当年，射击协会首次举办了全国射击系列竞赛。同年，为准备参加第 16 届墨尔本奥运会，组织了第 16 届奥运会的国内选拔赛。然而，由于国际奥委会制造"两个中国"，中国最终放弃了参赛机会。这一年，为全面提升国内射击教练员的执教水平，国家射击协会还首次举办了全国射击教练员培训班。

1958 年，中国射击首次走出国门，参加在罗马尼亚举行的第 37 届世界射击锦标赛。为更好地备战，国防体协运动部专门成立选拔小组，赴全国各地选拔优秀运动员，并从解放军中挑选出 100 名优秀步、手枪运动员，通过考核，由 224 名运动员和 8 名原来在国家队执教的军队教练共同组成国家射击队。至此，国家射击队也成为有正式编制的运动队单位，根据不同国际比赛的需要选拔队员，进行集训，参加国际比赛。比赛中，我国步枪 3×20 项目获得团体冠军，一鸣惊人，且运动员陆桂珍以 584 环的成绩夺得个人冠军。同一年，更多射击项目在国内开展起来，国家射击集训队也增加了飞碟与移动靶两个射击项目。1958 年，为迎接第 1 届全国运动会的召开，国家射击集训队组成 5 个教练员巡视组，分赴全国各地举办教练员培训班，指导基层射击教练员进行射击训练，为国内后备人才的培养起到了重要的指导作用。

1959 年 4 月举行"中国人民解放军射击等级运动员比赛和个人冠军赛"，手枪慢射选手张鈜以 566 环的成绩成为我国第一个打破射击世界纪录的运动员。同年 9 月举办的第 1 届全国运动会中，解放军女子步枪选手陈蓉、男子步枪选手董光荣分别在 60 发、40 发卧射项目中创造新的世界纪录，还有 149 人打破了 16 项全国纪录，44 名运动员达到运动健将标准。第 1 届全运会结束后，国家射击集训队进行了管理变革，分别组建国家射击集训队与解放军八一队。

1963 年，我国射击队在第 1 届"新兴力量运动会"上摘得 7 枚金牌中的3枚。1965年，第2届全国运动会射击项目比赛中，22人次打破14项全国纪录，国内射击竞技水平迅速得到了突破。

（三）停止与中断阶段（1966—1973年）

正当国内射击事业蒸蒸日上、蓬勃发展之时，一场突如其来的政治运动破坏了中华人民共和国成立以来体育事业的发展成果。其中，1966年，国家射击集训队被迫解散，教练员与运动员被下放到农村与工厂，整个国内射击系统一度陷入瘫痪状态，一代国人的"射击梦"就这样被时代所搁浅。

（四）恢复与探索阶段（1973—1980年）

1973年经国务院批准，原国家体委首先恢复了射击运动并重开北京射击场。5月，国家射击集训队重新组建，各省市、军队也相继恢复射击训练。项目设置上，在原来12个射击项目的基础上，新设了气步枪、气手枪。然而，由于中苏关系逐渐恶化，苏联单方面撕毁合作协议，在国内射击缺乏丰富训练和比赛经验的条件下，中国射击开始走向自我探索与创新发展的道路。

1974年中国射击协会正式加入亚洲射击联合会，首次参加亚洲综合赛事——第7届亚洲运动会，以4枚金牌的成绩彻底打破了亚运会上日本对射击项目金牌的垄断，在朝鲜、日本之后，居第三位。河南选手苏之勃在男子手枪慢射中以552环的成绩成为我国第一个亚洲冠军。从此，我国射击运动在历届亚洲比赛中都取得了优异的成绩，并提出"冲出亚洲，走向世界"的时代目标。

国内赛场上，1975年第3届全国运动会上，有8人次打破3项世界纪录，208人次打破10项全国个人纪录，射击运动的成绩迅速实现了与国际水平的接轨。1979年名古屋国际奥委会会议恢复中国奥委会合法席位，国际射联也恢复了中国射击协会的合法席位。在

"集中优势、突出重点、优化结构、分类管理"的思想指导下，中央对竞技体育项目进行了重新的调整与布局。其中，射击被列为首批我国竞技体育13个重点发展项目之一。在这段"摸着石头过河"的发展时期，提高射击运动水平与教练员执教水平极为关键。1975年，国家射击队教练员成立了多支射击培训巡回教研组，分别到华北、西北、西南等地区做基层射击训练指导。1980年7月至12月再次进行全国教练员脱产培训，这是有史以来为期时间最长、培训内容最多、考核制度最为严格的全国射击教练员训练班。此次培训，授课人员包括国家队与地方队教练员、训练理论专家，共计47人，培训了14门理论课程，编写并打印教材46份，共计约87万字，插图368幅，制作十几个枪弹模型。

（五）快速发展阶段（1981—1999年）

1982年，在吉林省延吉市举办了国内首届业余体校射击竞赛，全国26个省市的151名业余射击运动员参加了比赛。1983年，在郑州市又举行了首届全国青少年射击比赛。两项赛制沿袭至今，为射击运动在我国青少年群体中的普及与开展奠定了坚实的基础，为射击运动奥运事业储备了大量的后备人才。1999年，在"体教结合"的新时代体育发展理念指导下，国家射击队与清华大学合办高水平射击运动队，既解决了优秀教练员与运动员上学难的问题，又在很大程度上推动了射击运动在高校体育中的发展。与此同时，还专门组建了高校大学生射击协会。

教练员培训工作一直备受关注。在1986年召开的中国射击协会普及指导委员会会议上，吴保良秘书长就提出，为提高射击教练员业务水平，除各省、区、市自办教练员训练班外，国家体委每年举办一次全国教练员训练班，力争5年内实现将全国600多名二线教练员轮训一半以上的目标。截至1996年，共举办了11期全国射击教练员训练班，培训人数达500多人。

截至1994年，全国范围内仅就省、市和解放军优秀运动队来说，共有51个单位，约1200名运动员，370多名教练员。1997年，全国射击教练员近1000人，优秀运动队教练员370多人，普通教练员600多人，其中国家级教练员34人、高级教练员131人。1998年，全国经常保持训练的射击单位33个，优秀运动员队伍1500多人，在中国射击协会注册参加全国比赛的队伍有35支，全国射击教练员1200多人，其中省级以上有400多人、二线教练员800多人、国家级裁判167人、国际级裁判55人。

为培养、营造射击竞赛市场，加快体育产业化进程，国内举行了CTV射击擂台赛、全国射击精英赛等射击比赛。此外，在中国射击协会的指导下，各地方射击协会还自行组织了各种射击比赛，如上海射击协会、杭州射击协会和常州市射击协会组织了一年一次的全国职工射击比赛。这种比赛，既树立了良好企业形象，又推动了国内射击运动的开展。中国射击协会顺利回归国际射击联合会，为我国射击运动发展提供了更多参加国际比赛的机会。1981年，我国参加了第42届飞碟射击世界锦标赛，女射手巫兰英在男女选手同场竞技的飞碟双向比赛中获得冠军，成为中国射击史上第一个由国际射联所认可的射击世界冠军，同时，女子飞碟双多向团体项目创造世界纪录，获得冠军。这一精彩表现，为中国射击发展书写了新的篇章。之后，国内射击运动发展迅速，在多次奥运会、世界射击锦标赛、亚运会等国际比赛中斩获佳绩。其间，在我国射击运动发展中，许海峰夺得中国奥运史上第一枚金牌，女子双向飞碟团体项目实现国际大赛"五连冠"，国际射联秘书长亲自为中国颁发第47届世界射击锦标赛冠军奖杯，当然，也经历了24届奥运会"兵败汉城（现改称首尔）"的历史教训。总之，中国射击实现了短时期内的快速发展。据统计，截至1986年，在党的十一届三中全会以后的十年内，我国射击运动员先后打破了三次世界纪录、一次奥运会纪录，获得了11个世界冠军、55个亚洲冠军。截至1997年，我国射击运动员获得世界冠军45项次，其中奥运冠军7项次、亚洲冠军208项次，打破世界纪录35项次。1998年，世界冠军增至58个，世界纪录45项次。

（六）辉煌阶段（2000年至今）

跨入新世纪之际，迎来了第27届悉尼奥运会，我国气步枪选手蔡亚林获得冠军，创造了历史奇迹。中国射击队以金牌数3枚、奖牌数7枚的总成绩位列所有参赛队伍之首，取得历史性突破。从此，国内射击运动勇攀高峰，走向辉煌。

截至2016年里约奥运会，在我国奥运征战历程中，射击运动已获得金牌22枚、银牌13枚、铜牌21枚，成就了王义夫、杨凌、杜丽、郭文珺4位奥运"双冠王"。射击英雄为祖国争得了荣誉，并被永久地载入史册。具体如下：

第23届洛杉矶奥运会（3金3铜）：许海峰在男子50米自选手枪慢射项目中获得冠军（中国奥运金牌"零"突破），吴小旋在女子50米步枪3×20项目中获得冠军，李玉伟在男子50米移动靶项目中获得冠军。

第24届汉城（现改称首尔）奥运会（1银1铜）。

第25届巴塞罗那奥运会（2金2铜）：王义夫在男子10米气手枪项目中获得冠军，张山在双向飞碟项目中获得冠军。

第26届亚特兰大奥运会（2金2银1铜）：李对红在女子25米运动手枪项目中获得冠军，杨凌在男子10米移动靶项目中获得冠军。

第 27 届悉尼奥运会（3 金 2 银 3 铜）：陶璐娜在女子 10 米气手枪项目中获得冠军，蔡亚林在男子 10 米气步枪项目中获得冠军，杨凌在男子 10 米移动靶项目中获得冠军。

第 28 届雅典奥运会（4 金 2 银 3 铜）：杜丽在女子 10 米气步枪项目中获得冠军。

2008 年北京奥运会（5 金 2 银 1 铜）：庞伟在男子 10 米气手枪项目中获得冠军，郭文珺在女子 10 米气手枪项目中获得冠军，邱健在男子 50 米步枪项目中以三种姿势获得冠军，陈颖在女子 25 米手枪项目中获得冠军，杜丽在女子 50 米步枪项目中以三种姿势获得冠军。

2012 年伦敦奥运会（2 金 2 银 3 铜）：易思玲在女子 10 米气步枪项目中获得冠军，郭文珺在女子 10 米气手枪项目中获得冠军。

2016 年里约奥运会（1 金 2 银 4 铜）：张梦雪在女子 10 米气手枪项目中获得冠军。

第三节　射击运动的市场化运营模式

一、体育运动的主要运营模式

（一）目前体育运动的主要运营模式

体育市场化运营模式引入我国已有数十年的时间，经过与举国体制和本土文化的不断融合，市场化运营在竞技体育赛事观众培养、大众体育参与度提高和体育产业发展等方面都取得了一定成效，但也遇到了一些问题。目前体育运动市场上并存的运营模式主要有四种。

1. 举国体制模式

举国体制模式一直都是我国体育强国战略和奥运争光计划的体

制保障，20世纪60年代至改革开放前，举国体制一直都是我国体育运营的唯一模式。该模式由地市业余体校、省级专业队和国家集训队三级结构组成。每一级都由政府设立的体育运动管理部门进行管理，运营经费全部来自政府财政支持，目标是培养精英运动员，在国际大赛中争夺金牌为国争光，提高我国的国际声誉和地位。由于举国体制的推动，中国的竞技体育成绩斐然，不但连续七届亚运会排名第一，而且在奥运会上用二十多年的时间跻身金牌榜三甲，充分显示出我国竞技体育发展的高速度。跳水、体操、乒乓球和羽毛球运动是国家率先重点发展的体育运动项目，培养了众多世界冠军和体育明星，但是举国体制采取重点扶植的策略，而且以被列入奥运会的项目和夺金大项作为导向进行重点扶植，这注定会造成大众体育的缺失，影响其他冷门运动项目的健康成长。

随着改革开放引入市场经济环境，我国的传统强项获得了一些政府财政之外的社会资金的支持，而对于那些冷门运动，由于缺少大众的关注度，商业价值不高，对于企业和媒体缺乏吸引力，因此这些冷门运动项目的唯一经济来源仍然还是政府财政；另外，在一些经济发展相对落后的区域，市场化活动不活跃，即使是一些类似篮球、乒乓球等大众喜闻乐见的运动项目，也主要依靠政府财政支持。目前这种完全依靠政府财政支持而获得发展的运动项目在我国占大多数，例如水球、曲棍球、帆船、越野滑雪、冰球运动等。

2.举国体制为主，市场化作为有益补充的模式

这一模式下，国家财政支持仍占主导地位，但是媒体和赞助行为出现并增多。随着我国市场经济的建立和发展，在举国体制扶持重点运动项目取得显著成效的基础上，媒体对体育赛事的报道逐渐频繁，特别是在金牌战略的指导思想下，对奥运会和亚运会的金牌

数量格外关注，因此，一些赞助商通过赞助形式在比赛场地和电视上投放广告，此外，体育明星进行广告代言的行为也逐渐增多。

这一模式目前比较普遍，是体育管理部门、企业和媒体青睐的收益回报较快的一种双赢模式，一些运动项目的国家队就采用这种模式，如举重、射击、跳水、羽毛球、乒乓球等项目。这些运动项目多会在奥运会、亚运会等大型综合赛事前期获得赞助商的青睐，建立合作，通常为1~2年的短期赞助。企业可以借助大型赛事前期的媒体宣传和比赛期间场地、比赛服投放广告，提高知名度；专业队也可以获得多渠道的赞助，用来备战比赛。但是这种模式不具备普适性，赞助和广告行为是以运动项目的关注度为导向的，多集中在高水平运动项目和赛事观赏性强的项目上，这使得一些冷门项目陷入了零赞助的尴尬局面；另外，赞助额度和期限不同，因此这一模式不具备稳定性和持续性。

3. 举国体制和市场化运营并行的模式

这种双轨制模式是引入西方国家的体育市场运营模式与我国长期举国体制相结合的产物，主要体现在俱乐部和职业联赛的市场运营要素与举国体制下的体育运动管理部门开展合作，体育运动项目的市场化运作成分增多，原专业运动队体制依然存在，专业队运动员在为奥运会战略服务的同时，还可以参加职业联赛。这一模式市场化程度更为活跃，职业联赛可以吸引更多的赞助商，带动体育产业的发展，同时能够增加运动员的收益，激励作用明显，确保为奥运会输送高水平运动员和充足的后备人才。乒乓球运动项目采用的就是这种双轨制运作模式。但这种模式的弊端体现在双轨制下，职业联赛利益会因为国家奥运会战略而受到影响，运动员的双重身份影响俱乐部和专业队之间的利益分配与权责划分，带来深层次的管理问题。网球运动目前也在实行管理体制的改革和探索，虽然目前国内的网球运动仍然是以举国体制为主，但是李娜"单飞"后，组建自己的训练和管理团队，借助世界网球职业联赛的平台，获得大赛经验，最终问鼎法网冠军，实现了我国网球运动里程碑式的跨越发展。此外，自行车运动项目目前也在探索举国体制和俱乐部专业比赛双轨并行的模式，开端较好。

4. 完全的市场化运作模式

该模式中媒体、赞助商、俱乐部、观众和爱好者都是不可或缺的要素，运动项目是以若干个俱乐部经济实体为单位，进行运动员培养和职业比赛，通过出售比赛转播权和门票获得盈利，媒体通过收取广告费用获得收益，赞助商通过赛事期间的广告提高知名度，增加产品销售。目前我国体育运动项目中，完全实现市场化的只有足球运动。市场化运作中，足球运动盛极一时的甲A联赛，曾吸引到万宝路、百事可乐、阿迪达斯等国际知名品牌赞助商，央视体育频道进行赛事转播，1996年甲A联赛观众上座率达到平均每场2.43万人，是迄今职业联赛的峰值。但是足球运动完全市场化的运作并不成功，原因在于足球运动的市场化改革自上而下，被动地推向市场，足协身兼管理者和经营者双重身份，权责不明确、政策制定官僚化，不参考赞助商的意见等，都是我国在体育运动市场化过程中遇到的通病。

（二）体育运动市场化运营模式的综合要素模型演变

西方发达国家在借助市场化模式运营体育运动方面已经积累了十分丰富的经验，很多研究结论具有重要的管理意义和指导作用，很多体育项目市场化运作的成功案例，如篮球、足球和网球等，对我国体育事业的发展具有重要的借鉴意义。目前国外在体育市场化方面的理论研究更加趋向微观，多从社会、经济、教育、心理等方面分别展开深入研究，对于全局性和战略性方面的理论研究可借鉴的相对较少。在梳理西方发达国家体育运动市场化运营模式要素（媒体、体育明星、观众和俱乐部等）的相互关系基础上，结合我国体育运动发展过程中的四种主要运营模式，建立了市场化运营要素模型，深入分析了随着我国社会经济和市场环境的变化。该模型中各要素的发展和演变，并运用要素模型具体指导分析了射击运动在各个要素上的现实状况，寻找出制约射击运动市场化运营的关键要素，为提出合理化建议提供理论支持。

1.20世纪90年代前的体育运动运营要素模型

从中华人民共和国建国初期到20世纪90年代，我国的体育运动是单一的国家运营模式，政府设立的国家、省级和地方三级体育运动管理机构是我国当时体育运动发展重要的支持系统。国家财政作为支持系统唯一的经费来源，经费主要用于修建训练基地和比赛场馆，举办和参加各类专业体育赛事，发放工作人员和运动员的津贴福利，购买训练器材，维护日常场馆设施等项目的支出。国家设立的三级体育运动管理机构主要负责运动员选拔和专业训练，国家级专业运动队代表国家参加世界大赛，实现金牌战略，以提升国家的国际声誉和地位作为终极目标。

这一时期，媒体和企业对支持系统和运动员的支持行为是以服从国家意志为要务的，市场化目的和行为非常少。媒体受到国家政策干预，需要对各项国际赛事进行转播和报道，企业同样受到计划经济调控，为一些运动项目提供专业的设备和器材；此外媒体和企业参与的规模和程度也非常有限，媒体主要集中报道奥运会、亚运会等重要综合性体育比赛，而企业也鲜有赞助行为。在这一时期，获得奥运金牌的运动员对观众和爱好者的影响十分显著，随着容国团、庄则栋获得世乒赛冠军，乒乓球成为家喻户晓的一项体育运动，产生了人手一拍的效果。

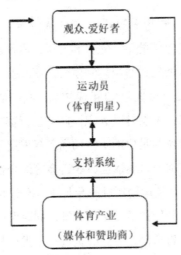

图 1-1　我国 20 世纪 90 年代前的体育运动运营要素模型

图 1-1 是这一时期运营模式中各要素模型，该模型中的体育产业要素，在这一时期，参与程度不高，参与规模有限，参与目的不以市场为导向，被动和计划行为居多，体育产业与观众、爱好者之间的直接影响非常微弱；支持系统在这一时期还非常不发达，主要表现形式为以政府财政支持修建的三级训练和比赛场馆、教练员以及专业赛事为主，但其规模和水平均不高；运动员在这一时期全部属于国家培养的专业运动员，集中在优势体育运动项目中；观众和爱好者的人数较少，主要集中在一线大城市。在该模型中，体育产业规模不发达，媒体、赞助商与运动员之间有着非自发性的联系，相互产生的影响比较微弱；运动员对于观众和爱好者的影响在体育

强国战略思想的指导下，起到了比较显著的效果，这可从乒乓球运动广泛的群众基础和不断涌现的体育明星中得到支持。这一要素模型随着我国经济发展和市场环境的健全，逐渐发生了变化。

2. 市场环境下的体育运动运营要素模型

随着我国市场经济的不断完善和发展，体育运动在运营模式上也出现了变化，从最初的举国体制模式，逐渐引入了市场导向的媒体转播和赛事赞助。20世纪90年代初期，我国的足球运动率先开展俱乐部运营模式，央视对甲A职业联赛进行赛事转播，万宝路和百事可乐公司都曾作为足协的主赞助商，赛事期间在场地和电视上投放广告；媒体在加强对奥运会、亚运会等综合性重要赛事的宣传报道基础上，对于其他运动项目的专业国际比赛也展开了深入报道，拓宽报道领域报道和转播活动更加频繁，同时引入了体育运动相关产业的企业开展广告活动，体育明星进行多类产品的广告代言行为日渐增多。此外，我国的传统强项乒乓球、羽毛球、跳水和体操项目等，也都获得了不同程度的企业赞助。20世纪90年代后期，李宁体育用品公司成立并通过赞助国家队运动服装的形式，将体育运动相关的体育产品产业引入一个新时代，这也标志着我国体育产业迈上了一个新台阶。因此这一时期，体育产业从内容和形式上与前一时期相比较为丰富。随着国民经济水平的不断提高，观众关注体育比赛和参与健身运动的程度逐渐提高，体育明星对于大众和爱好者的影响作用更为明显，这主要体现在电视观众人数持续增加，对于赞助商产品的消费量不断提升。

进入21世纪以后，特别是雅典奥运会和北京奥运会之后，我国的体育运动在大众心目中的关注度和认可度达到了新的高度，体育运动市场化的氛围越发浓厚，社会资本投入不断增加，俱乐部作为体育运动运营模式中新兴的要素，发挥着越来越重要的作用，主要体现在为爱好者提供参与场所和机会，同时培养潜质运动员，为国家争光计划提供充足的后备人才。俱乐部形式、规模多样，融资渠道广泛，有些是各级政府出资建立，专业团队负责运营；有些是社会资本出资建立，一时间各种满足爱好者体验需求的运动俱乐部如雨后春笋般建立起来，例如击剑、网球、马术俱乐部等，受到了大众和爱好者的青睐。

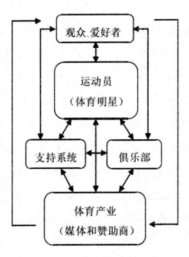

图 1-2 市场环境下体育运动运营要素模型

图 1-2 所展示的是 20 世纪 90 年代后至今，我国体育运动运营模式中各要素之间的相互关系。与图 1-1 相比，俱乐部的出现丰富了模型以及各要素之间的关系，与运动员、观众和爱好者以及支持系统都产生了相互影响。西方国家的俱乐部一般是社会资本投资，自负盈亏的经济实体，在俱乐部基础之上会成立俱乐部联盟，联盟通过制定赛程和举行比赛，出售现场比赛门票和赛事转播权获得收

益，俱乐部通过引进体育明星扩大观众群体，提高转播权价值，同时俱乐部通过开展基础训练吸引爱好者，为爱好者提供了体验的场所，通过开展青少年选材计划，关注有潜质的青少年，进行重点培养，输送到自己的俱乐部参加比赛。

另外，与图1-1相比，体育产业化规模和内容相对扩大和丰富，媒体开始以市场为导向进行赛事转播，赞助商中一大批体育运动器材、服装品牌企业的数量和赞助额度增加，例如李宁获得了羽毛球拍的独家赞助权，星牌台球桌等相关体育运动器材通过赞助形式，获得了较大的市场销售份额，因此体育产业不再是单独对运动员要素产生影响，对大众和爱好者要素也产生了明显的直接影响。

此外，支持系统在当前的市场环境下也得到了壮大，由最初的国家运营下的数量和条件有限的运动场馆，扩大到目前众多具有国际领先水平、功能齐全的综合性体育场馆群，支持系统有了显著的提升，除了在原本对运动员提供专业支持的基础上，开始对公众开放，对大众的体育运动参与起到了积极的影响。支持系统的壮大还体现在专业的运动管理团队、规范的赛制、丰富精彩的赛事、高水平的专业教练员、裁判员等方面，有效地保障了运动员的训练和比赛。

二、射击运动市场化运营要素

（一）中国体育产业与射击运动市场环境分析

在体育产业市场蓄势待发的大环境下，射击运动的市场化准备显得不够充分。前国家体育总局射击射箭运动管理中心主任高志丹曾公开表示，目前射击项目社会化市场化难度较大。由于射击项目源自传统的军事体育项目，中国对枪械管理十分严格，加大了射击运动的普及难度。但射击项目要想在奥运会上夺取更多的金牌，就必须加快射击项目社会化市场化的改革步伐。一个项目如果不能提高比赛的观赏性，增加电视收视率，其发展前景就不容乐观，而且还有被淘汰出奥运会的可能性。因此，唯一的方法就是对射击运动进行市场化改革。

(二) 国家射击队获得赞助情况分析

在奥运会临近的一年时间里，中国跳水队、体操队、乒乓球队和羽毛球队等有奥运夺金实力的国家队，不仅主赞助商席位全部被出售一空，就连低级别的赞助名额也受到商家追捧。像中国乒乓球队，由于赞助商太多，运动员的运动衣上几乎贴满了赞助商的商标。

中国射击队被誉为中国的金牌梦之队，但是并不受赞助商的青睐。中国射击队缺少知名企业赞助，即使在奥运会年，中国射击队获得赞助的规模也远不及中国乒乓球队和羽毛球队。这一差距主要是由于射击运动项目的特质和赛制规定所造成的。射击比赛沉静、没有身体的对抗，缺少与观众的互动，相对其他比赛缺少观赏性；射击运动需要专业的射击服，而根据国际射联的比赛规则规定，射击服上禁止张贴赞助商标。此外，还有一个重要的原因影响赞助商的决策，射击比赛对运动员的心理素质要求很高，优秀射手之间的实力差距很小，如果心理调控稍有失误，哪怕只有 0.1 环的差距，比赛结果就会截然不同，因此射击比赛结果具有很大的不确定性，这也增加了赞助回报的风险。这些客观因素都不同程度地制约了中国射击队获得赞助的机会和规模。

虽然目前中国射击队获得赞助的情况不容乐观，但是射击项目肩负着奥运会的首金任务，这一商业价值足够引起一些赞助商的关注。但由于获得首金的压力和难度相对较大，首金的商业价值也是一把双刃剑，因此赞助商多持观望态度，或者多以短期、一次性赞助形式进行。

（三）射击明星广告代言情况分析

在广告代言数量方面，中国射击队主要靠集体明星肖像作为赞助商广告代言形象，与中国乒乓球队、羽毛球队、跳水队相比，缺少像张怡宁、王励勤、林丹和郭晶晶这样媒体曝光度极高的明星队员，因此对赞助商的吸引力相对较小。女子10米气步枪雅典奥运会冠军杜丽，曾以个人形象为联想新款打印机拍摄广告，其余运动员都还没有以个人身份参与拍摄任何有影响力的广告。

从运动员代言的广告内容来分析，姚明、林丹等运动员本身所从事的运动项目和自身的独特气质，使得他们代言的广告品牌更为宽泛，例如与姚明签约的品牌从"任我游"汽车导航旗舰品牌到人寿保险、VISA信用卡、可口可乐、麦当劳、锐步等，品牌涵盖了生活的方方面面；林丹自身形象气质俱佳，代言的大多为时尚知名品牌，并为时尚杂志进行拍摄。与这些明星效应强大，引领大众消费选择，代言品牌达到两位数的超级明星相比，射击冠军无论从代言品牌的知名度还是数量级都无法与之相比。

（四）大众参与射击运动的市场情况分析

随着我国市场经济的快速发展和不断完善，多项具有大众基础的体育运动项目，都不约而同地将目光聚焦到青少年市场上来。面对巨大的潜在商业价值，射击运动无论从器材成本、场地便捷还是机会成本等方面，都无法与乒乓球、篮球等运动项目竞争，但是射击运动本身具有特质，在培养青少年意志品质、锻炼心理素质等方面具有优势。因此，如何在市场竞争中寻找差异化，准确定位，了解青少年参与射击运动的动机是非常重要的。

(五) 射击运动赛事转播情况分析

射击运动比赛的电视转播只在奥运会、亚运会和全运会三项大型综合比赛中进行，而国内外的射击专项比赛不进行电视转播，全国射击分站赛的比赛成绩只在中国射击协会官方网站上进行报道，国际射联组织的世界杯和世锦赛以及洲际比赛结果，在搜狐、新浪等大型网站的体育版面可见图片和文字形式的新闻报道。

三、我国射击运动现有运营模式分析

(一) 举国体制模式

我国射击运动的发展一直都是采取政府财政支持的形式，从基层的业余体校到省级的专业运动队再到高水平的国家集训队，从下到上，全部由政府财政拨款建设和运营[①]。国家队由国家体育总局负责财政拨款，省级和基层运动学校的经费支持来自各省市的财政部门。在选材方面，基层教练员主动到二三线城市的小学进行选材工作，挑选一定数量身体条件符合的青少年，在业余时间进行射击的基础训练，通过2~3年的业余训练，将具有一定潜力的运动员输送到省级专业队，开始全天候专业性的训练。省级专业运动员通过全国性的专业射击比赛，前一年全国比赛前八名的运动员被选拔到国家集训队。国家集训队是临时性队伍，专门备战国际综合赛事和专项赛事，运动员通过队内选拔赛获取代表国家参加世界大赛的机会。

(二) 俱乐部模式

目前，市场上现有射击俱乐部总体可分为三类：第一类主要是借助射击奥运会冠军命名的，通过多方融资建立的全市场化运作的

---

① 王洁雨，王跃. 射击体育市场运营模式研究 [J]. 辽宁体育科技，2018，40（01）：25-28.

实体俱乐部，具有娱乐、普及和培养射击运动员的职能；第二类主要是依托现有国家、省级和地方射击运动管理部门的场馆设施，增设一些娱乐体验项目，实现创收目的并兼顾发掘人才的半市场化俱乐部，一般仍属于体制内范畴；第三类俱乐部主要是通过政府出资针对青少年市场建立起来的专门培养青少年射击运动员的俱乐部，这类俱乐部的管理和运营仍然依托省级和地方射击运动管理部门，但是教练采取聘用制，俱乐部自负盈亏。

第二章 气枪射击训练指导

以压缩空气为动力的气枪项目，在国际上受到普遍重视，除列为奥运会和大型国际射击比赛项目外，每两年还举行一次世界气枪项目锦标赛。气枪按发射枪弹所用气体能量的不同可分为用弹簧力驱动活塞压缩空气、用预压缩空气和用二氧化碳气体发射枪弹三类。本章围绕气枪的基础知识、气手枪的射击训练、气步枪的射击训练展开论述。

第一节 气枪的基础知识

一、气枪的构造与发射原理

(一) 气枪的主要构造

气枪主要由以下部分组成：

（1）枪托：它是枪、手结合，固定手腕，保持枪支稳定和便于扣扳机的借助条件。

（2）扳机：武器成待发状态后，扣压扳机使之击发。扳机引力要适中，过大，易变更瞄准位置；过小，则易偶发。

（3）护圈：一般位于机匣下方，半圆形或半卵形，其作用是保护扳机，防止偶发。

（4）标尺：它是一种作为辅助瞄准点的标杆，以此来确定弹道正确的方向角和高低角。

（5）枪管：子弹在枪支内部的弹道。枪管外形上常根据需要结合一些其他零部件如准星座、标尺座等组成。比赛用气枪的枪管口径为 4.5 毫米，用于普及性射击活动的气枪口径为 4.5 毫米和 5.6 毫米。

（6）准星：种类主要有三角形、圆柱形以及长方形等，大都置于枪口上方，属于瞄准装置的组成之一。瞄准基线就是由准星和标尺缺口共同构成的。为了方便修正，可以移动上下位置和方向。在射击过程中射手要依靠准星来瞄准。瞄准时射手要做到"三点一线"，也就是射击目标与人眼、准星保持在一条直线上。

（二）气枪的子弹

气枪子弹的形状多种多样，制作的材料基本有两类：一类为铅制，另一类是金属弹头被塑料所包裹。其中，射击运动常用的是铅制子弹，这种子弹底部是圆形的，头部是圆锥形的。

（三）气枪的发射原理

气枪利用的是气体推进发射子弹的。空气会随着使用者拉动拉杆这个动作而高度压缩，这时气枪就已经是准备状态了，高度压缩的空气随着使用者扣动扳机这个动作而快速膨胀，这时铅弹就会在推动力作用下飞速前进，同时顺着膛线发生旋转，铅头就会沿直线平稳飞出。

二、气枪使用安全与保养

（一）气枪使用的安全措施

射手进入射击馆一定要听从教练安排，遵守射击馆的规章制度，树立安全第一的防范意识。枪支不是玩具，疏忽或误操作可能会造成人身伤害，因此必须在教练的指导下安全使用枪支。无论何时、何地、何因，枪口均不许对人。射击结束时，射手必须检查枪膛，确认无子弹时，才可将枪收起来。

在气枪使用过程中，射手还要做到：①枪口不要对人；②不要往枪管里看；③不要随便拆开气枪；④没事不要玩枪；⑤弹夹不要装在枪上；⑥手指不要老放在扳机上；⑦带枪外出也要注意安全。

(二) 气枪的维护保养

在使用中，气枪各部件的活动面应保持润滑，应定期加少许轻质机油。射击后射手应用软布擦拭枪身表面，擦气筒内腔和气筒盖及其他可以擦的部位，擦拭后可涂上薄层轻质机油，以防生锈。同时，射手应使用优质枪弹进行射击，切勿使用劣质枪弹射击，以免损坏枪膛。如遇故障，射手应用推棒等先退出铅弹，再行检修。射手对所使用的枪支须加以爱护，使用后，擦拭干净，放入枪库。

三、我国步、手枪项目现状分析与发展对策

射击在第1届现代奥运会就被列为正式比赛项目，从1984年我国正式参加夏季奥运会，射击就成为我国奥运夺金的重点项目，在参加的五届奥运会中共获得20枚金牌。早期的奥运会由于场地、器材、规则等相对简单，对比赛的组织形式、规模、技术和装备的要求相对较低。随着社会的进步，射击比赛的各项条件和要求均得到逐步改善和提高。

近年来，随着比赛服装、枪弹器材、规则、记分系统和训练方法等方面的完善和提高，各国的比赛成绩也逐年提高，特别是北京奥运会后一些亚洲国家的迅速崛起，开始对我国的领先地位产生了威胁。笔者希望通过分析射击项目的国际格局与发展趋势，研究我

国步、手枪项目的发展现状，并提出对策。

(一) 射击项目的国际格局与发展趋势

1. 射击项目的国际格局

随着射击项目国际竞争愈加激烈，各个国家的竞技水平也在不断提高。从伦敦奥运周期射击项目世界杯赛各分项进入前 8 名的各国成绩分布上，我们可以清晰地看出射击项目的发展正呈现多极化的特点。但欧洲国家在各项目中仍处在世界领先地位。例如，伦敦奥运周期内世界杯赛中进入前 8 名的国家分布主要集中在欧洲、亚洲、美洲、大洋洲。其中中国、俄罗斯、德国、美国属第一集团，挪威、法国、澳大利亚、乌克兰、印度、韩国属第二集团，尤其在本周期取得优异成绩的韩国队，成绩上升速度较快，其实力不可低估。随着各国射击项目竞技水平的不断提高，尤其在 2011 年决赛规则改变后，各项目的夺金难度增大，比赛越来越激烈。射击老牌强国受到了强烈冲击，其中，中国、美国、德国、俄罗斯等受到的冲击最大，国际射击界由原来的几国争霸，变成了群雄混战的格局。

2. 射击项目各国的实力对比分析

在伦敦奥运周期内，中国、德国、俄罗斯队在步枪、手枪各项目中优势项目的分布上处于均衡状态。但随着亚洲国家的崛起，欧洲国家的优势已不太明显，有些项目已受到威胁，如韩国队在男子气手枪、50 米手枪慢射及女子气手枪中都已上升到第一集团。尽管中国射击在优势项目上一直保持着夺金实力，但在男子步枪卧射、男子手枪速射、男子手枪慢射等项目上离世界最高成绩还有一定差距。

(二) 中国射击步、手枪项目现状

对伦敦奥运周期步、手枪项目世界杯赛前三名成绩进行对比，我们可以得出各项目进入前三名的国家次数、平均环数、最高环数及中国队在此项目当中的最高成绩。从各项前三名环数来看，竞争十分激烈，此奥运周期的单项最高成绩都非常高并且决赛水平有大幅度的提高，往往一个名次仅0.1环之差。尽管中国射击队在2009—2012年参加的世界杯赛 (含总决赛) 的名次统计中，共获得冠军36个、亚军26个、季军27个；前三名89个、前八名209个，男子手枪慢射项目进入世界前八名的次数较多，但取得高水平成绩的人很少。男子步枪卧射、男子手枪速射项目中，中国获得前三名的次数较少，在奥运会中还未获得过奖牌。

中国射击队在第29届和30届奥运会获得奖牌的成绩为：北京奥运会中中国射击队共获得冠军5个、亚军2个，7人次进入前三名，10人次进入前八名决赛；伦敦奥运会上中国射击队共获得冠军2个、亚军1个、季军3个，6人次进入前三名，11人次进入前八名决赛。我们对比步、手枪项目两届奥运会名次数据可知：2012年伦敦奥运会上获得的金牌数量与2008年北京奥运会相比有明显下降；银牌与铜牌的数量却增加了，且进入前三名和前八名决赛争夺的人员并未明显下降，这说明我国在2012年伦敦奥运会步、手枪项目的整体实力仍处于世界前列，并未下降。

综上所述，成绩好、竞争激烈是射击项目的主要特征。传统夺金强国的优势已不明显，各国夺金实力差距逐渐缩小。射击项目的国际格局多极化趋势更加明显。

中国射击项目整体实力仍处于世界领先地位，但一些优势项目已受到威胁，我国手枪慢射项目发展不稳定；男子步枪卧射、男子

手枪速射项目的运动员有夺金实力，但与世界优秀运动员之间仍有一定差距。

（三）我国射击运动的发展建议与对策

（1）坚持"举国体制"为项目发展提供制度保证。举国体制保障了射击项目的高水平发展，强大的后备群体促进了项目境界与水平的提升；强大的后勤保障工作使运动员心无旁骛地投入训练；同时调动了一些可利用的体育资源，形成全国一盘棋的局面。这是一个强大的基础环境，对于参赛运动员来说，也是最基本的物质和精神保障，让他们无后顾之忧，能够全身心地投入到训练和比赛中去。

（2）管理与引导并重，提高训练效率。射击项目运动员年龄差距较大，气枪项目成绩提高较快，运动员年龄相对较小；而小口径项目除了掌握技术外，还要求有丰富的比赛经验，因而运动员年龄相对较大，一支队伍中最大年龄差距可达20岁。因此，射击队的管理不仅要考虑项目特点，还要兼顾年龄差距和层次差距，兼顾老运动员和年轻运动员的关系，兼顾日常管理和奥运夺金的长期目标的关系。因此，射击项目队伍的管理不能单纯地以管为手段，还要在以人为本的基础上，加强引导和教育，通过爱国主义教育和集体主义教育，树立运动员敬业奉献、顽强拼搏等良好的思想品质，建立适合射击项目发展的团队文化，实现管理与竞训的有效结合。

（3）深化对项目特点与规律的认识。射击队要认真总结往届奥运备战的成功经验，对我国传统优势项目训练的阶段划分、高低板块的轮转、赛前调控、赛中指挥、技术动作操作程序、关键技术环节进行分析总结，并对项目的影响因素进行筛选分析，深化对项目特点和规律的认识。只有这样才能在训练中把握主线，提高运动员综合竞技能力，提高运动员对比赛的控制能力。

（4）根据比赛规则变化，及时做出调整。比赛规则的变化对训练、比赛的指导思想会产生重要影响。国际射联和中国射击协会已经正式公布自 2013 年 1 月 1 日起启用新规则。在射击新规则中对资格赛、决赛的时间分配、形式内容、装备器材和名次排定要求均有较大的变动，特别是决赛阶段的组织形式和名次排定对运动员的最终排名有决定性影响。因此，要重视信息搜集并针对调整内容进行细致解读和研究，调整训练思路，研究资格赛和决赛的训练方法与手段，早日适应并掌握新的比赛规则，避免由于规则的变化造成不利影响。

（5）构建训、科、医、教一体化的保障团队。射击队构建竞训、科研、医务和文化教育相结合的复合型保障平台。通过对多年备战保障工作的摸索，原来各个课题组各自为战的片面性已充分暴露，信息共享的不足造成了资源的浪费和工作效能的低下。射击队要统筹协调竞训、科研、医务、文化教育之间的关系，以提高各方面工作效能、保障比赛为目的，强化各方信息的横向交流，在训、科、医、教共存的环境中，将各方联系在一起，融为一个整体，扩大各项保障工作与竞训工作的交叉与融合，建立科学的管理机制，消除竞训与保障的分家、脱节现象，形成团队合力。射击队要营造教练员、运动员和保障人员之间主动沟通配合的良好氛围，充分发挥保障团队在奥运备战工作中的作用。

（6）加强文化教育，提高运动员整体素质。射击运动员要想在竞技赛场上获得冠军，不能只靠体能和技术，还要求运动员具备很强的整体素质。技术水平的提高，在初期阶段可以依靠训练时间和强度实现，但当运动员成长到一定阶段后，竞技能力的提升更多的是依靠运动员整体素质的提高来实现的，特别是在国际大赛中，运动员对比赛过程的解读和控制以及对自身情绪的调整对比赛结果的影响远远大于技战术的作用，当然技战术的掌握是基础，运动员对比赛的解读和控制是关键。只有两者协调配合，才能最大限度地发挥运动员的竞技水平。

（7）加强梯队建设工作。队伍的可持续性发展必须有新鲜血液注入，因此，发现、培养和锻炼年轻优秀运动员的工作就尤为重要。射击队要结合奥运备战周期的不同阶段和不同任务，在抓好一线队伍的同时做好后备队伍的建设。首先，后备队伍的训练和管理要结合运动员的实际情况，从运动员成长角度考虑；其次，选派年轻运动员随一线队伍参加国内外比赛，让年轻运动员在实战中得到锻炼和提高，在积累比赛经验的同时提升思想境界；最后，建立一线队伍和后备队伍"两队一体"的动态管理机制，实现两队之间队员的动态流动，达到以新促老、以老带新、共同成长提高的目的。

第二节　气手枪的射击训练

气手枪射击既是体育运动项目，又是休闲娱乐的健身活动，深受青少年的喜爱。本节通过气手枪射击技术（站立姿势、握枪、举枪、瞄准、击发等）的学习，可以了解气手枪射击的有关知识，基本掌握气手枪射击的技能，同时还可以发展上肢力量和平衡能力。

一、气手枪射击的基本姿势

气手枪的动作特点：姿势无依托，重心高，单臂持枪，支撑面小，稳定性差。

姿势与方法：

（1）上体重心下降，右眼瞄准，左手插入裤子口袋。

(2) 枪、手腕、前臂保持直线。

(3) 手腕微下扣。

(4) 上体略后仰。

学与练：

(1) 右侧对着目标站立，两脚约与肩同宽平行，挺小腹，胯前送。

(2) 中指略微承受一点重量，食指保持灵活，手腕保持枪不晃。

(3) 肩为轴心前臂上举，枪口略高靶心。

(4) 手臂缓慢下落，枪瞄靶心。

方法与提高：

(1) 握枪到击发结束，手腕保持枪不晃动，不能屈肘，呼吸自然。

(2) 注意全身用力的分配与协调，不用僵力。

(3) 枪支瞄准靶心时，呼气后瞬间屏气，寻找枪口稳定的时机。

二、准星瞄准（平整准星）

瞄准的学习重点是调整准星和缺口的关系。正确的关系是通过手腕调整使准星在缺口的中央，准星的上平面与缺口的上平面齐平，准星在缺口内两侧的宽度要相等。

瞄准的方法：平整准星——缺口与准星水平，准星左右等距离。

错误的瞄准有：准星偏左、准星偏右、准星偏高、准星偏低。

瞄区的选择有两种：

第一种黑环中间：精度高、晃动小、击发果断。

第二种黑环下相切：精度差、晃动大、易击发。

学与练：

(1) 仔细观察正确的"平整准星"，建立正确的动作概念并指导自己的实践。

(2) 学习步骤：第一步，准星与缺口准确无误，不能有丝毫偏差。

第二步，选择瞄区，瞄区的范围要由大缩小。第三步，加强手臂力量，克服枪支的晃动。

（3）通过教学上的实弹射击，进行动作的检验。

方法与提高：

（1）缺口、准星、靶心，反复循环练习，眼睛仔细观察细小的变化。

（2）瞄区的选择最好是第一种（黑环下相切），精确度高，黑白色差有利于眼睛观察仔细。

（3）手臂力量大，枪口稳定，瞄区的范围最好是一点，不要虚，有利于密度的提高。

三、击发

击发是射击技术中的关键动作，通过食指扣动扳机来完成。"稳是基础，扣是关键"。要完成正确的击发动作必须首先稳枪和瞄准。

击发与方法：①食指单独用力；②食指正直均匀用力；③适时击发。

学与练：

（1）手指扣扳机练习（徒手模仿）：①左手握拳拇指上翘，右手食指模拟击发。②以食指第二、三关节为支点正直均匀向后用力，其余四指保持，切忌突然猛扣。③击发后保持2秒。

（2）扣扳机练习（持枪）：①食指第一关节中部扣扳机中部或下部三分之一的位置。②扳机共有二道（虚线、实线），虚线扳机进入瞄区前扣压"第一道"，实线扳机进入瞄区击发"第二道"。

方法与提高：

（1）击发前食指首先要保持灵活，以便向后直线均匀用力。

（2）击发时在吐气过程中瞬间屏气击发，以防止呼吸使身体上下起伏。

(3) 要在晃动中寻找稳定的 1 ~ 2 秒时间，在稳定的瞬间大胆果断地击发。

(4) 击发后食指不允许快速反弹复位，要保持 2 秒，以免影响子弹的弹着点。

第三节 气步枪的射击训练

气步枪射击与气手枪一样，也是一项适宜青少年的体育健身活动。通过本节的气步枪射击技术（站立姿势、握枪、握枪、瞄准、击发和保持等）的学习，了解气步枪射击的有关知识，基本掌握气步枪射击的技能，增强反应、协调等能力。

一、气步枪的基本姿势

在卧、立、跪三种射击姿势中，立姿的重心最高，支撑面最小，姿势的固定和保持主要靠骨骼的支撑、肌肉的紧张来实现，立姿的稳定性较差。

姿势与方法：

(1) 两脚开度与肩同宽，小腹和左髋自然挺出，左肘抵髂嵴或体侧。

(2) 左上臂紧贴胸侧，近似垂直，右臂自然下垂。

(3) 背的下部稍向后形成 "S" 曲线，头左转垂直贴枪。

(4) 枪托紧抵右肩，枪与肩、胸紧密结合。

学与练：

(1) 左侧对着目标站立，两脚约与肩同宽平行，托枪抵右肩。

(2) 左手举枪重心下降，左肘抵髂紧靠体侧，左手形成 "V"。

（3）挺小腹，胯前送，枪与肩、胸紧靠，腮垂直贴于枪托上，瞄准待发。

方法与提高：

（1）抵肩后托枪时枪稍高于靶纸，身体"先紧后松"，重心下降。

（2）躯干向右后方略倾斜。

（3）人枪紧密结合是主要环节。枪的重心靠近身体的重心，姿势稳定性好。

（4）左手形成"V"与抵肩调节枪支的高度。

二、觇空瞄准（环套环）

瞄准重点调整准星和缺口的关系。在手枪瞄准章节中介绍了平整准星，这是最原始的缺口、准星瞄准具。随着科学技术的不断发展，瞄准器精确度的提高，出现了多种瞄准具。下面分析环觇空瞄准的方法。

瞄准与方法：

（1）正确的瞄准：环套环（同心圆对齐）。

（2）错误的瞄准：①准星偏左、准星偏右；②准星偏高、准星偏低。

方法与提高：

（1）觇空与准星同心圆一定要准确无误，不能有偏差。

（2）觇空、准星和靶心三个同心圆对齐。

（3）在觇空与准星同心圆对齐的情况下，允许小幅度地在靶心周围晃动时击发。

三、击发

击发是射击技术中的关键动作，通过食指扣动扳机来完成。"稳是基础，扣是关键"。要完成正确的击发动作必须首先稳枪和瞄准。

击发与方法：食指单独用力，食指均匀用力，适时击发。

学与练：

(1) 手指扣扳机的动作：

①左手握拳拇指上翘，右手食指正确击发；②食指第二、三关节为支点正直均匀向后用力，其余四指保持，忌突然猛扣扳机；③击发后保持2秒。

(2) 扣枪支扳机的方法：

①食指第一关节中部扣扳机中部或下部三分之一的位置；②扳机共有二道 (虚线、实线)，虚线扳机进入瞄区前压"第一道"，实线扳机进入瞄区击发"第二道"。

方法与提高：

(1) 进入击发状态时，枪支的特点是稳定—晃动—稳定—晃动交替出现。

(2) 击发时在吐气过程中瞬间屏气击发，以防止呼吸使身体上下起伏。

(3) 要在晃动中寻找稳定的 1~2 秒时间，在稳定的瞬间大胆果断地击发。

(4) 击发后食指不允许快速反弹复位，要保持2秒，以免影响子弹的弹着点。

四、气步枪射击的综合技术

气步枪的动作技术比手枪要复杂，但稳定性高于手枪。步枪立姿的关键环节在于腰部动作。

学与练：

(1) 站位 (指向调整)：射击台前两脚开立平行约与肩同宽，举枪时注意手臂和枪的指向正向目标，如手臂指向与靶纸有夹角，脚需要前后左右调整到合适位置，还可以调整左手或托底板的位置。

（2）据枪：姿势的调整要"先紧后松"，开始举枪时，先使肌肉用力把上体舒展开，接着按正确的技术动作调整。①先紧后松；②左胯向左后方转动，左臂限制身体前倾，胸部略挺出，右肩稍提起，腰部向右缓慢移动。

（3）瞄准：觇空、准星和靶心三个同心圆对齐。射手开始屏气瞄准时，扣第一扳机意识在前，稳定击发意识在后。

（4）击发与保持：①同心圆精确击发抓住稳定时机；②瞬间视力回收环套环击发；③食指自然击发，击发后保持2秒。

方法与提高：

（1）据枪后，身体含胸重心低。

（2）击发后，食指保持2秒，不能快速反弹回去。

（3）当枪的指向与目标位置不正确时，切记不能有意识控制枪支勉强瞄准，要用两脚站位调整。

第三章　射击的体能训练指导

体能训练是确保运动员在赛场上发挥实力的重要基础，也是检验运动员基本身体素质的试金石，在运动员整个职业生涯中所发挥的作用都是不可忽视的。射击是我国的优势运动项目，其体能训练理论与方法体系已形成。本章内容包括体能训练概述、射击运动的专项体能训练、射击运动体能训练的内容与阶段、射击运动员体能训练的有效方法。

第一节　体能训练概述

一、射击项目需具备的训练能力

(一) 动态稳定

平衡定义上是指人体在多种姿势，如坐、站立、行走或跑跳，维持身体稳定的能力。平衡有动态平衡和静态平衡两种。运动中基本很少出现静态平衡，动态平衡会出现在所有的球类与射击项目中。在射击项目中，需要静态平衡的是手枪与步枪，飞靶项目则必须动静结合。动态平衡的重点在于转移身体重心，让处于活动中的身体保持稳定。

在运动范围内，控制平衡的主要是中枢神经和肌肉纤维，让身体在运动过程中可以保持稳定。例如，选手在网球开球这个动作中会在向上抛球的同时快速挥动球拍击球，双脚在击球的一刹那也会离地。选手的身体在跳跃投篮的过程中能够快速保持稳定并完成动作。动态平衡的特点在这两个动作中显露无遗，让身体在活动过程中既能够保持稳定又能够做出动作。这是肌肉神经组织在结合了拮抗作用之后出现的运动机转，可以让动作在一刹那产生联结。飞靶射击的碟靶方向判断、运枪、瞄准和射击都在短时间内完成，身体要在时间带来的紧迫感中保持稳定，这是非常重要的。

(二) 视觉

视觉能力和其他体能一样都是对运动项目非常重要的。反应的动作有两种，即听与看，二者既可以在同一时间显现，也可以交叉显现。在飞靶射击项目中，运动员要在飞碟飞出的同一时间进行判断、瞄准、运枪以及射击。这种反应模式依靠的不仅是视觉神经，还有相应的设计技术，如果缺乏一定的视觉能力，就会将更多的时间花费在瞄准和射击上，这会导致碟靶的命中率下降。

眼睛的专注时间可以维持大概 10 秒，之后就会出现疲劳现象，专注力也会因此而降低。在练习过程中，手枪与步枪都需要增加瞄准的时间。为了保证视觉神经的稳定，选手在完成瞄准之后要调整视觉焦距。通过对乒乓球选手的反应测试可以发现，其对视觉焦距反应时间的调节有着良好的作用。

(三) 运动心理

射击专项运动员必须具备良好的心理素质。运动员参与的射击项目都有对应的训练，部分运动员虽然身体条件满足专项训练的要求，但在心理上缺乏应有的训练和培养，所以即使体能好，但赛场上取得的成绩依旧不理想。因此，比赛过程的意象训练、回馈训练、语言刺激训练、注意力训练、面对逆境的训练、赛前专注训练、自我对话、增进比赛时的准备觉察能力、增进自我控制和注意力、射击节奏的训练等，都是射击专项运动员必须要进行的，特别是在重大比赛中或是比赛的关键阶段，运动员一定要具备自制、镇静、果断、勇敢以及顽强的良好品质。专注力的训练非常有助于射击，可以在平常的训练中加入这项练习，从而让选手有更好的成绩[①]。

射击运动对精度有着严格的要求，击发时既要做到人枪一体，又要高度集中注意力保持稳定。这项运动是和自我在竞争，所以要战胜并超越自我。比赛时运动员的情绪会产生非常大的变化，其中一个表现就是紧张，运动员会在比赛中出现反应迟钝、手发抖、心跳加快、错误动作多、呼吸急促及动作拘谨等情况。即使运动员有了稳定的动作和不错的成绩，但若是心理上受到外部环境的影响，产生了不良反应，都会对运动员的发挥产生很大的负面影响。运动员在心理训练中首先要充满信心，明确自己要完成的任务。其次，运动员要将心理状态调整到最佳，快速地适应比赛，即使赛场瞬息万变，也要让心理始终稳定，将自己的运动水平充分发挥出来。在面对困难和压力时有战胜一切的决心和勇气，用顽强和坚韧的意志迎接挑战。

(四) 射击运动员的肌肉力量

人体的骨骼结构可以让身体挺直和站立，但只有肌肉的收缩才能让身体保持平衡并且进行动作。人体在活动中需要保持动态与静态的平衡，这时就需要主动肌与拮抗肌共同发挥作用。

射击运动的手部动作必须基于身体的稳定。在执行动作的过程

---

① 沈玉洁. 关于射击运动项目的体能训练研究 [J]. 当代体育科技，2018，8 (13)：17-18.

中，身体要保持平衡稳定。半规管可以维持姿势和保持平衡，但这依然少不了发挥拮抗作用的肌肉，尤其是在手枪与步枪这两个项目中，瞄准与射击的准度都是建立在身体平衡的基础上。

飞靶射击动作需要动态平衡，身体在举枪时要自然前倾$5° \sim 10°$。这时产生拮抗作用的肌肉是背肌与腹肌，在平衡身体的同时保证准确的射击。国外学者认为在活动过程中，身体的稳定依靠的是动态平衡，这可以转移身体重心。但只有肌肉与神经之间产生良好的调节才能运行此机制，如果肌肉与肌肉纤维组织之间无法实现应有的调节，那么身体就不能保持平衡。

总的来说，只经过专项技术训练对于射击运动员是远远不够的，同时还要有良好的视觉、动态稳定、肌肉力量以及心理等条件，而专项体能训练可以帮助运动员获得肌肉力量和动态稳定。一般来说，技术水平的发挥是基于良好的专项体能水平的，这样才能取得稳定的成绩。

二、体能训练的重要性

运动员如果在体能发展方面存在不足，那么就很难取得较好的成绩。运动员最不能缺少的就是体能训练，这就像是免疫力之于人体一样重要。体能在赛场上发挥的作用是巨大的。国内外在近几年有了很多关于体能训练的研究，肯定了其重要性。不同的运动项目对体能有不同的要求，运动能力可以通过专项训练得到提升。速度、力量、耐力、灵敏和柔韧是五种最基本的体能，它由走、跳、跑、攀登、投掷、爬越和支撑等这些基本活动能力共同组成。王兴在研究体能之后认为，体能包含体力和专项运动能力，中体力与普通人群并无区别，这是人类不可缺少的身体素质，而专项运动能力指的是运动员的技战术能力，这要与自身的专项比赛相匹配。

总的来说，体能在本书中通常是指人体适应不同环境的能力，这种身体水平既有先天的条件，也有后天的训练。首先，其组成包含了力量、身体形态以及素质等，能够对人体的不同部位进行调节，从而让身体有更好的能力来对抗外部环境。其次，从细微之处来说明体能训练的必要性，专项训练是获得体能的重要途径，专项比赛对体能的要求是：适应能力、运动能力、长期受运动负荷和心理压迫的能力，各个器官要时刻保持兴奋的状态，让专项技战术保质保量地完成，才能有更好的比赛成绩。

《运动训练学》的作者是田麦久，这本书是体育院校的通用教材，书中认为战术、智慧和心理训练都要以体能训练为基础。在运动项目中，技战术的训练以及专项运动成绩的提高都离不开体能训练，运动员长期的高强度比赛和大负荷训练离不开体能训练，运动员强大的心理素质、专项运动伤病的预防以及运动寿命的增加也离不开体能训练。杨世勇等学者在《体能训练学》中提出，复杂的技术动作需要体能训练做支撑，从而取得好成绩，它可以让身体的运动素质得到提升与发展，让身体更加健康。王卫星通过研究发现，体能与技战术在传统的观念中有着紧密的联系，体能训练能够促进技战术水平的充分发挥，而选择恰当的技战术则可以充分展现出身体训练水平，从而让运动员在赛场上将长时间积累的体能训练水平施展出来。当技能类对抗性项目主要依靠的是体能时，体能训练就成了能否获胜的重中之重。若是运动员具备相同的技战术水平，那么"技术是基础，体能是关键"就是体能要传达的观念。从之前的研究中可以发现，体能又被划分为两种，即基础体能与专项体能。基础体能的重点在于帮助机体提升恢复能力，而专项体能是为了满足竞技比赛。

总的来说，战术、智慧、技术和心理的训练都要以体能训练为基础。其他竞技能力在很大程度上会受到体能训练的影响，运动员强大的心理素质以及成绩的提升都要依靠体能训练。所以只有打下良好的体能基础，才能让个人技术得到稳定发挥，从而取得良好的成绩。

三、射击运动的训练周期

训练周期简称运动训练的"周期"，是一个训练程序的连续阶段。根据传统训练学所提出的训练理论：运动员取得专项技术能力后，无法固定在同一等级。因此，马特维耶夫（Matwejews）提出运动训练周期划分模式，共分为三个步骤：取得→维持→消失。训练阶段划分是依据年度比赛频率拟定的，可分为一年两个大周期（两次比赛）、三个大周期或四个大周期。在每个周期内又依据比赛与比赛之间的天数，再细分为准备期、专项期与比赛期三个训练阶段。如果两次比赛间隔时间比较长（大于2个月），又可分为准备期 - Ⅰ与准备期 - Ⅱ增加基础训练，或者可以增加专项期训练。每个周期训练时间在4～6周，每天训练1～3次。而目前训练趋势则将训练周期缩短为2周模式。其主要在于生理适应的特征，强调身体各机能对负荷强度稳定后，再调整训练计划。过去训练以4周为一个阶段，强调肌肉与体循环功能稳定，再修改训练计划。而目前两周训练周期模式，则只强调肌肉能量路径改变，即进行下一个周期的训练。

（一）周训练计划

周训练计划内容基于不同的训练阶段如准备期、专项期以及比赛期而有所不同，并且训练阶段不同，其训练目的也有所不同。同时训练目的也制约了周训练的质量分配。比如提升生理机制是准备期的主要训练内容，主要是要求通过训练可以有效改善其有氧阈值耐力与力量耐力。在专项训练期，周训练主要是为了达到在专项体能训练的基础上提升其专项运动的技术和战术含量。

周训练的每日训练量包括最高训练负荷2次和训练模式1次。通过提升练习量来提高训练强度，这也是每周一次最高训练的目标，之后再逐步减少负荷量。这种训练方式的不足在于会导致身体疲劳，优势在于每日增加负荷量的训练，有利于肌肉和神经之间协调控制能力的提升。

周训练计划的编制要明确其训练目标，确定主要的训练方向以及补充的训练方向，同时还要基于生理适应和恢复原则。所谓的超补偿理论是人体能够适应外界带来的最大刺激。所以，周训练计划中最多只能包括两次最高训练负荷量。

(二) 意象训练

对身体动作进行的一种想象的训练称之为意象训练。运动员通过连接和想象自身的运动动作来改善和提升身体动作的技术质量。通过静态动作想象，连接动作认知并进行身体活动的转化都是由大脑来控制和完成的。

运动员的个人技术和团队战术得以提升并不受限于事件和对手的影响是意象训练的主要目的。不管是在准备期，还是专项期或者比赛期，意象训练的作用都是不可忽视的，不过其时间长度还是要严格控制的，不宜过长。意象训练主要包括训练前、训练中以及训练后三个时间点。

(三) 训练适应

生理上的压力主要是由于长期的超负荷生理反应干扰到了稳定机制形成的。竞技运动训练模式就是通过对身体施加超负荷压力，并调节生理反应机制而促进身体适应负荷刺激的一种运动。

竞技运动训练是对身体机能进行不断完善，并通过负荷刺激来促进其生理障碍的生成，之后再逐步降低训练负荷来使身体进行恢复的一个过程。在对身体造成负荷刺激的过程中会消耗身体内的葡萄糖、氨基酸、电解质以及肝糖等多种营养元素。超补偿理论正是反映运动负荷和恢复需要时间关系的。该理论认为：身体通过一定的运动后会产生疲劳感，通过对疲劳进行恢复，使其比原来的机转功能更强的作用便被称为超补偿作用，一般需要两到三天的时间。

韦内克认为，训练的负荷强度是生理适应产生的主要原因。身体接受外来刺激会对自身的生理恒定机制稳定产生影响。而力量、耐力、速度等有关的竞技运动训练目的的达成都会形成生理上的疲劳感。

对各种研究文献进行总结后发现，高负荷剂量的训练后，身体生物参数恢复时间周期主要是指 ATP–CP 的恢复，它可以在最短的时间内得到恢复。肝糖补偿作用所需要的恢复时间最长。此外还包括荷尔蒙的平衡恢复。射击运动中，尽快恢复体能对运动员来说是至关重要的，特别是在赛前和赛中的时候，恢复专项体能训练能够有效促进运动员发挥出最佳的水平。

第二节　射击运动的专项体能训练

射击运动中，体能不仅能够促使运动员平稳持枪、准确完成击发瞬间等基本技术的运动能力；在射击运动员竞技能力的重要组成部分中也包含体能，还是技术、战术、心理、智慧训练的基础。射击运动姿势的平衡、枪支稳定性及身体协调能力都离不开专项体能训练，专项体能训练也影响着射击瞄准的偏差。目前，虽然河北省射击队有骄人的成绩，但研究射击项目领域专项体能的有关知识甚少，从而暴露了项目发展和提高成绩过程中存在的问题。

一、射击的专项体能概述

专项体能是运动员一般体能与运动专项的结合，从比赛时间与方式分析，射击运动关键在于身体的稳定。在长时间的比赛中，运动员必须具备站立支撑身体的力量及耐力。除了维持身体支撑的力量，射击运动员也必须具备良好的有氧耐力。在长时间比赛中，运动员承受较大的心理和其他方面的压力，比赛产生的压力主要来自荷尔蒙儿茶酚胺（Catecholamine）的增加所致。当儿茶酚胺增加，将影响自律神经系统（交感神经与副交感神经）。运动员如有较佳的有氧耐力，可以提高副交感神经的活性，抑制心跳率的上升。而有氧阈值耐力的另一项功能在于心跳间隔，延长每跳之间的时间（R to R）。有氧耐力的提升对心率变异性（HRV）也会产生影响，其主要功能在于对自律神经的调节稳定。此功能对射击选手是很重要的，在射击时心跳节奏变慢，可以提高瞄准的能力与注意力，特别是在击发（扣扳机）时，刚好在心跳的R–R之间，可以增加瞄准的稳定度[①]。

综合上述文献得知，射击选手专项体能主要为力量耐力与有氧耐力两项。而飞靶射击选手，因比赛模式有别于手枪与步枪。

二、飞靶专项体能

飞靶射击专项体能与其他项目相比不同之处在于它的飞行速度快（20米/秒），且飞行过程中速度不等，所以要有掌握提前量的能力，进行概略瞄准，射手要在极短时间内（3~5秒）射出两发子弹，动作要敏捷、快速。根据飞靶的专项特点，射手的姿势灵活性极其重要。飞靶站立姿势左脚在前，右脚在后与肩同宽，再将枪托

---

① 尹根林. 射击运动项目体能训练 [J]. 当代体育科技，2017，7（30）：24+26.

抵肩，使身体重心前倾。重心前倾是为了便于碟靶出现后快速追击目标，使身体不会因后坐力量移动位置而改变姿势，所以飞靶项目维持身体稳定，平衡力极为重要。飞靶射击运动也有别于其他射击运动项目，它是由静止状态瞬间进行举枪并瞄准射击，双向飞靶运动要求灵活的转体运动非常关键，必须力争在0.5秒内射击第一发，这样可以保证第二发的射击时间。因此飞靶运动员体能素质结构分为：①脑：反应—手眼协调—专注力；②骨骼与肌肉：身体保持平衡；③体循环：提高瞄准稳定与降低压力荷尔蒙；④上肢与下肢之间的支撑。

三、手枪专项体能

手枪运动项目的姿势，没有物体依托，单臂持枪且支撑面小。项目共同特点是射击目标小，比赛时间较长，需要持久重复抬枪、击发等动作，呈现高度的专注力和较强的稳定性。以上能力的基础建立在大脑与骨骼肌肉组织的交互关系上：

（1）骨骼肌肉组织维持身体平衡与举枪瞄准稳定。

（2）大脑协调 PFC 与 NAC，提高手枪的瞄准技术。

（3）体循环心肺机转，提高运动员的抗压能力。

四、步枪专项体能

步枪属于慢射性项目，且比赛时间长、射击目标小、精确度要求高，射击时要求运动员在不自然、不对称的条件下，进行持久的静止协调力。此项目还要求射手在整个射击过程中，在十分紧张的状态下有高度的专注力且保持重复动作的高度一致性，所以步枪是很强的一项技能性竞技体育项目。步枪枪支重量达6千克，运动员在长时间比赛时身体必须承受极高负荷。增加身体对抗压力的负荷能力，提高比赛射击的准确度，运动员必须具备的身体素质如下。

（1）支持比赛枪支的身体结构（骨骼、肌肉）。

（2）举枪瞄准维持身体稳定（心肺功能、降低心跳率）。

（3）结合骨骼肌肉组织与体循环，呈现身体结构的协调能力（脑 PFC & NAC）。

综上所述，由于步枪和手枪、飞碟项目的专项技术特征不同，因此对运动员身体形态和素质的要求也有明显区别，这主要是由技术动作的特征决定的。步枪和手枪项目的主要技术动作是静力性动作，完成动作的关键在于平衡能力与稳定性，即使是手枪速射项目，也要求在动作稳定之下，平稳移动枪支。

而飞碟项目的主要技术动作是动力性动作，至关重要的是身体协调性。从盯靶到判断碟靶的方向、判断碟靶方向到起枪，再到最后的瞬间击发，各个动作环节，在时空结合上的要求都极为严格，协调配合身体各部分，是中靶的基本保证。在射击运动项目中，优秀运动员的专项体能影响力极为重要。比赛过程中，选手除了技战术、心理素质较量外，大部分是体能的较量。决定运动员胜负的四大因素之一就是体能，它也直接影响技战术的合理运用和心理承受能力，决定了比赛最后的胜负。

第三节　射击运动体能训练的内容与阶段

近些年来，我国在体育赛事上已然拥有了越来越多的话语权和主动权，运动员的训练也已经取得了较为明显的进步和成效。在这种情况下，国家在宏观上对运动员发展的要求相较于以往而言也有了更加明显的调整和转变，除了强调日积月累的反复训练之外，还注重运动员的基本能力和身体素质，这种调整也给教练员的训练提供了新的思路和途径。而体能运动作为展现运动员竞争力和身体素质的重要基础，在这种情况下也应当受到高度的重视和关注，特别是射击运动。

一、射击运动员体能训练的内容

通常意义上所说的射击运动，指的是运动员以枪支为主要载体，通过手部力量和肌肉、关节的配合，用枪支对目标进行瞄准，然后发射的过程。随着社会的不断发展，射击运动也逐渐从一种娱乐模式转化为体育赛事，已经成为体育比赛中较为基础的一项竞技项目。对此，我们可以大致将其体能训练的内容分为以下三种。

首先，运动员需要接受力量上的训练。射击需要运动员调动手臂和腰部的力量，以及在腿部的支撑下才能够完成，所以力量训练的重点也应当集中在上肢、腿部和腰背这三个部位。在具体训练的时候，运动员必须要保证身体平稳，确保自己下盘的稳定性，只有这样才能支撑全身的力量，准确射中目标。腿部肌肉是支撑运动员下盘的基础，也是让运动员能够在长时间保持同一姿势的保证。而腰腹自始至终都是人体的重心所在，这一部位的力量在很大程度上影响甚至决定着运动员的站姿。所以，这三个部位都应当成为力量训练的重点，运动员也要多加重视和关注。

其次，运动员需要接受耐力训练。尽管设计并没有对运动员耐力有过多的要求，但对运动员的中枢神经有着很高的要求。这主要是因为需要运动员注意力高度集中，才能确保射中靶心。所以，在科学且合理的耐力训练下，运动员能够提高抗疲劳能力，使大脑皮层能够忍耐更长时间的磨练。同时，运动员还可以在耐力提高的基础上，优化自身的恢复速度，让自己的心血管能够在紧张的状态下保持稳定。换句话讲，耐力的训练能够让运动员的身体和状态变得更加平稳，确保在赛场上稳定发挥出自己的实力。

最后，运动员需要接受协调性的训练，这一领域也是运动员面临的重要挑战之一。在射击的时候，运动员需要调动自己的肌肉群，使得各个关节的肌肉能够相互配合、相互协调，保证自己的动作能够高度一致，提高动作的准确性。

二、射击运动员体能训练的阶段

体能训练向来不是一蹴而就的，而是必须要经过一定的发展周期，才能实现素质和实力的提升，对此，我们可以把射击运动员体能训练的过程分为三个主要阶段。

首先是体能强化训练阶段，这一阶段是运动员接受培训和锻炼的基础时期。运动员在此期间实践的各种项目，都会给原有的身体机能带来冲击和影响，会突破原有机能的平衡，让运动员全身的肌肉产生较大的反应。也正是因为如此，教练员才需要设计出体能强化训练的具体内容，考虑到运动员体能的实际状况，分析运动员的身体因素，确保体能训练不会给技术动作带来不良影响，坚持循序渐进的原则，只有这样才能促进身体素质和技能的双重进步。

其次是体能保持训练的阶段，这一阶段主要是为了维护强化阶段的成果，重点应当放在体力的维持和技能的平衡发展上，而不是一味强调对原有技能的突破。如果教练员一味追求运动员素质的进步，那么就会影响他们水平的发挥，甚至会给运动员的身体带来一定程度的损害，例如肌肉拉伤或者是神经疲劳。所以，在这一阶段，运动员需要对以往所接受的训练内容进行适度复习，然后再学习一些调节身体机能的技巧和方法，让自己的身体始终保持在较为良好的状态，提高自己的心理素质，以更加积极的态度去面对下一阶段的训练。

最后是体能弥补训练的阶段，这一阶段具有十分明显的针对性和侧重性的特点，是以运动员的体能实际状况为基础，分析运动员的不足之处，总结出运动员现阶段存在的缺陷，然后设计出相对应的训练方法，用突破缺陷的方式，让运动员调节自己的体能状况，优化其综合素质。

从以上这三个训练阶段可以看出，之所以要进行体能训练，是因为射击项目的技术要点对运动员的体力有严格的要求。从技术要点的具体内容来看，大致可以分为瞄、稳、扣这三个方面。所谓的瞄，就是把枪支指向目标，特别是就飞碟射击来讲，运动员需要把一支几千克重的枪从腰间放到肩部，然后调动自身的肌肉，对目标进行瞄准，这一套动作牵涉的肌肉群较为复杂，并且也需要花费大量的力气，所以消耗的体能也是最多的。所谓的稳，主要指的是运动员长时间保持枪支指向目标的动作，尽管从外表上来看，运动员是保持相对静止的状态，但运动员身体上的肌肉在进行等长静力收缩，同样需要耗费大量的体力。再加上许多射击比赛时间需要持续在一个小时或者是两个小时之间，所以射击运动员在保持不动的状态下，肌肉和神经很容易疲劳，如果体力有所下降，必然会影响比赛的发挥。另外，射击运动员还需要保持注意力和精力的高度集中。因此，对运动员进行体能的分阶段训练是必要且合理的。

第四节　射击运动员体能训练的有效策略

一、推动体能与技术的结合

射击技术是运动员必须具备的核心能力，也与运动员的体能息息相关，所以运动员在接受训练的时候，不能仅仅局限在体能上，而是要实现体能与技术的有机结合。在持续性的体能训练中，教练适当插入一些精准的技能训练，不仅可以让运动员缓解身体上的疲劳，同时还可以让运动员从长时间的反复练习中暂时脱离出来，接受一些精准的培训，以提高他们的射击水平，推动运动员双向能力的共同发展。

二、提高力量素质和耐力素质

人体肌肉系统工作时需要克服一系列以摩擦力、重力等为代表的外部阻力以及以肌肉黏滞力等为代表的内部阻力，人体克服这些内、外阻力时所具备的能力称为力量素质。在这些阻力中，外部阻力对人体的力量素质提升起到关键作用。力量素质对于运动员而言具有重要意义，是一个优秀运动员必备的素质。同时，它也对运动员的其他素质，如心理素质、训练水平等具有指导作用。力量素质在整个体能素质中占比极大，也是体能训练的核心，力量训练主要针对的是人体肌肉，强调肌肉抵抗阻力能力的提升[①]。

耐力素质是有机体坚持长时间运动的能力。耐力素质是一种重要的基本运动素质。影响耐力素质的因素是多方面的，如生物学方面影响耐力素质发展的主要因素是神经过程的稳定性、快慢肌纤维的比例、肌糖原的储备量、最大摄氧量水平、人体负氧债能力、意志品质的坚定等；训练学方面影响耐力素质发展的主要因素是训练方法、训练手段、负荷练习次（组）数、训练频度、恢复方法等。

就射击运动来讲，运动员并不需要过于苛求绝对力量和爆发力，而是要提升自己的肌肉耐力，重点强化自身肩带肌群的力量，提高腰腹和下肢肌群的耐力，维持身体平衡，让下半身和腰腹支撑上半

---

① 黄春晖. 关于力量训练对女子手枪的重要性 [J]. 冶金管理，2019(19)：175.

身的高强度静止。此外，射击运动员还需要接受耐力训练，这里所说的耐力主要指的是有氧耐力，强调的是脂肪和肌糖能够有效分解，从而确保人体可以长时间工作。在具体训练的时候，运动员要把重点放在心肺能力上，优化有氧耐力。

三、创造积极向上的训练氛围

氛围和环境的塑造能够在很大程度上影响射击运动员的情绪和心理状态，优良的训练环境能够有效激发运动员的积极性和主动性，也可以帮助运动员缓解内心和身体上的疲劳，消除他们的抵触心理，让他们保持良好的心理状态，进而提高训练效率，节省许多不必要的时间和步骤。对此，教练必须要发挥出引导和指挥作用，尽可能选择较为宽敞且平整的训练场地，让运动员能够在安静的环境下进行体能训练。同时，教练也应当联系相关的管理部门，为训练场地配备较为健全的设施和器材，确保运动员能够随时进行技能上的训练。此外教练应当制定相应的规章和制度，保证运动员的训练能够向着规范化和标准化的方向发展，确保他们能够积极配合各项活动的开展，遵守场地纪律，保证训练场地的干净和整洁。另外，教练也可以在训练场地上张贴一定的鼓励性标语，帮助运动员振奋精神，让他们养成良好的训练习惯。再者，教练还需要加强对运动员的心理辅导，运动员在长时间的体能训练中，难免会产生厌烦和倦怠心理，他们会认为日复一日的训练是枯燥且无聊的，部分运动员还会因为比赛发挥失常而丧失信心，对此，教练应当给他们鼓励和支持，分析他们的心理状态，给他们答疑解惑。

四、放松肌肉和神经

上文中已经提到过，体能训练是一个循序渐进的过程，运动员需要在日积月累中逐步提高自身的素质，所以教练就更不能过于强调体能训练的量，而是要坚持劳逸结合的原则，在训练完毕后给运动员以肌肉和神经放松的机会。另外，在体能训练正式开始之前，教练也要先让运动员放松全身的筋骨，做好关节和肌肉的预热活动，避免在练习的过程中出现严重的肌肉拉伤。训练结束以后，运动员也要及时对肌肉和关节进行按摩，做好颈部、腰部和腿部的放松，做一些舒缓的力量训练，放松训练中高度紧绷的肌肉，提高运动员体能恢复的速度。除此之外，教练也需要从劳逸结合的角度出发，为运动员制订合理可行的体能训练计划，并确保计划的执行。在设计的时候，教练要考虑不同运动员在体能上的差异，提高计划的针对性和侧重性，并鼓励运动员根据自己的状况，自行制订运动计划。与此同时，教练也要提高对体能测试的关注，设置阶段性的体能测验项目，以此来观察运动员发展的具体情况，分析运动员身上存在的不足和缺陷。测验的频率可以一周一次，也可以一个月一次，一周一次的测验针对的是小型体能训练，一个月一次的测验针对的是较为全面的体能训练，教练要根据测验结果来调整后续的训练计划。

　　总而言之，坚持优化射击运动员的体能训练是十分合理且必要的举动，这是夯实射击运动员体能基础的必然选择，也是确保射击运动员水平稳定发挥的必然趋势。本文通过技术和体能的结合、氛围的塑造、肌肉和神经的放松这几个方面论述了提高运动员体能的方法和途径，整体上符合运动员体能训练的主要内容，能够作为教练的参考依据。在后续实践过程中，教练也需要尽可能从多个角度出发，将体能训练同运动员的水平测验结合到一起，提高运动员的主动性和积极性。

第四章　射击运动员的心理素质建设

　　射击运动是个人间接对抗的静力及耐力性项目，是运动员在心理上较量的竞技项目，射击运动员的心理因素在比赛中所起的作用远超过其他因素，在高水平射击运动员竞技能力的发挥中，90%是由心理因素决定的。在射击过程中，心理调控伴随着每一个技术环节，直接影响着程序化操作动作的质量与衔接配合，决定能否保证技战术水平的正常发挥，乃至于比赛的成功与失败。本章内容包括体育锻炼与心理健康概述、射击运动员易形成的心理问题与改善、射击运动员心理素质的提高策略、射击运动心理训练的常用方法启示。

第一节　体育锻炼与心理健康概述

一、心理与心理发展认知

(一)心理的内涵与特征

1. 心理的内涵

　　心理在自然界和人类中都是客观存在的。不管是动物还是人类，都有心理现象，而且人类的产品中也会折射出一定的心理现象。心理现象更直接、更典型的体现方式还是在每个具体的人身上。所以，心理现象也是指受心理活动支配的通过人身体动作表现出来的一种心理活动过程。

个体中对人们心理活动起主导作用的主要是大脑，也可以将心理理解成是一种神经产物，是由大脑所支配的。从本质上来说，它是大脑在各种刺激下所作出的一种经过加工后的反应。这也是为什么说心理是大脑对客观世界的一种反应。

大脑对心理现象的反应建立在活动的基础之上。其物质基础是大脑的神经活动。心理活动是通过神经来接受外界刺激并产生反应和信息加工的一个过程。

2. 心理的特征表现

心理现象的特征在于其复杂性，不管是何种心理现象，都有共同特点。

首先，心理是观念的反映。心理是通过一种非物质的、观念化的概念进行反映的。对大脑形成刺激并外化为一种身体行为即是刺激物的主要意义。不管是人们的感知、记忆还是理解，都来自非物质的和观念的影响。人的知觉便是在人们对观念的反映和思维加工中而产生的。人的精神世界是观念反映的组合，它能够帮助人们更好地了解世界、进行知识存储和计划制订等；并能够帮助人们更好地对环境进行适应、改造、组织以及创新等，从而形成了一种强大的精神力量。

其次，心理是客观世界的主观反映。通过生活实践，人的大脑不仅可以对现实的客观事件进行认识，还能对知识和经验进行积累和存储。任何对新事物的认识都是以原有的认识和经验为前提的，其主体性和主观性特征非常明显。

最后，心理以活动的形式存在。从感觉上升到思维的过程本质上也就是加工信息的过程，这是一种心理运算的过程，只在反映过程中存在，如因为光而产生的视觉映像便是感觉，而大脑对某一个主体所进行的反映则形成了思维。不管是思维还是其他心理过程，都是通过脑外显和内隐相互交替所形成的。

(二) 心理发展的基本特性

我们可以从以下两个方面来理解心理发展：一是广义的角度，主要由心理种系发展、心理种族发展以及个体心理发展三个部分组成；二是狭义的角度，这主要是针对个体而言的，包括个体从出生到死亡的整个生命过程的心理变化情况。发展是一种成长，也是从简单过渡到复杂、从低级过渡到高级的过程。

心理发展具有的基本特性表现如下：

(1) 心理发展的整体性。个体心理是结合各种心理过程和现象的有机整体。通过各种心理的相互作用和相互影响而产生了心理发展。我们可以从以下两个层面来对心理发展的整体性进行理解：首先作为整体心理活动有其独特的质的规定性，它并非简单地结合各种心理现象而产生的；其次是通过各种心理过程的相互作用、相互联系而形成了心理发展。

(2) 心理发展的社会性。人类社会环境会影响人们的心理发展，其实现也需要在社会生活条件和人际交往的保障下进行。社会文化决定了人们高级心理技能的发展，是语言符号在中介作用下产生内化所形成的。人和人之间的交往就是通过语言符号来实现的，所以说社会环境会对个体的心理发展产生一定的作用和影响。

(3) 心理发展的活动性。在主体和客体的相互作用和相应联系下产生了个体的心理发展，而活动则成了连接主客体的一条重要纽带。心理发展的程序并非先天安排好的，更不能完全受限于后天环境，只有加强主体和客体之间的相互作用，才能有效促进心理的发展。相互作用是指个体会受到外界环境的刺激，主体采取的行动和客观环境保持了一致性，主客体之间相互作用是建立在动作和活动基础上的。而动作和活动又可以分为两个部分：一是外部动作；二是内化活动，内化活动是对内部智力进行改造和提升的过程。换言之，内化是一种特殊化的转变过程，并表现为以下四个方面：一是概括化；二是语言化；三是简约化；四是超越化。而所谓的超越是高于外部活动刺激而产生的一种内部智力的转化活动过程。

（4）心理发展的规律性。它可以通过心理发展的普遍性和特殊性、方向性和顺序性以及不平衡性的统一等方面来认识心理发展的规律性特征。

第一，心理发展的普遍性和特殊性的统一。每个人的心理都是各不相同的，两个具有完全相同心理现象的个体是不存在的，这便是心理个性的体现。心理发展除了具有个性外，也同样具有共性，它是在个性中得以体现的一种共同特征的概括。个体心理活动的产生既具有个性化，也具有共性化，这便是普遍性和特殊性统一规律的体现。

第二，心理发展的方向性和顺序性。心理发展的指向便形成了心理发展的方向，通常情况下，从简单到复杂、从低级发展到高级也是心理发展的一个普遍趋向。心理发展遵循婴儿期、幼儿期、童年期、少年期、青年期到中老年期的顺序，这便是其心理发展顺序性的体现。这两种特征都是事先就决定了的，不能随意更改。

第三，心理发展的不平衡性。个体的心理发展并非严格遵守年龄规律而产生，这便是心理发展的不平衡性，其发展速率是不均衡的，会出现快慢速度各不相同的情况，从而形成了快速期和缓慢期两个不同的发展速率。

在人心理发展的整个过程中，第一发展加速期便是婴幼儿期；发展速度较快期要属童年期；第二个加速发展期便是少年期；心理发展在青年期时基本可以达到顶峰，之后便是成熟期；平稳发展变化期出现在中年期；之后到老年期开始呈现缓慢发展。这便是心理发展不平衡性的一个重要体现。

二、心理测量的方法

仪器无法测量人的心理，这是因为心理活动存在于人脑的内部。要想测量一个人的心理健康，我们就要观察人的具体活动。在测量人的心理健康水平和心理特征方面，可以通过对人的言行等外部的心理表现特征进行间接测定。通常来说，测量心理的方式主要有以下两种。

(一) 心理测验法

基于人类对心理健康的研究，人们统计出了可用于衡量健康指标的数值范围，心理测验法便是基于心理健康量表，对个体进行测试，将测验所得结果与量表中的常模进行比对，与常模数值相差不大的，便可认为是心理正常，反之，则视为心理异常。

此方法除用于个别检测外，还大量地用于团体测验和心理健康的流行病调查，以便人们对某一人群心理健康分布状况的了解。这是一种运用较为广泛的方法。心理测验的用途很广，在教育工作领域，它可以综合测评学生的智能、品德、个性的发展，学习动机和兴趣爱好，便于教师掌握学生的情况，以针对学生的真实能力与水平因材施教。此外，心理测验法同样可用于人才选拔和职业指导领域，便于较为客观而真实地掌握人才信息的第一手资料，了解他们的真实状况，有利于实现人职匹配。不同领域的不同职业，同一职业的不同岗位，对人才的要求也各不相同，每一种职业对从业者的心理都有一定的要求，心理测验法是准确、全面了解一个人心理结构的有效方式，操作简单，可靠性也较高。

心理测验法的类型因人而异，根据不同的需求可选择不同的类型，较为常见的主要有以下几种，即智力测验、能力倾向测验、人格测验以及各类职业测验等。

心理测验法是一种相对来说较为科学、可靠的方法，但是对量表的依赖性较大，要想提高测验效果，就需要加强对使用者的培训。我们需要指出的是，当前有关心理健康量表的使用范围、测定内容有限，因此不适用于对心理素质要求较高的行业。基于此，心理健康的测量可借助于精神检查法。

(二) 精神检查法

作为另一种心理健康评判的方法，精神检查法的存在有着极强的优势。精神检查法的作用类似于专业的心理咨询机构，主要由具有心理健康专业知识的专业人员组成，他们通过专业知识，分析当事人心理健康问题的性质、类型、程度，并做出心理健康与否的评判。

此方法一般不适合群体性的心理评判，而是针对个别人的需求，进行一对一的心理咨询与指导，帮助和引导他们走出心理阴影，促进健康心理的形成。因而，这就要求评判人员具有较丰富的专业知识和经验，只有这样，才能保证评判的真实性和准确性。在遇到当事人心理问题模糊，或是症状不典型、时好时坏时，评判人员更应该以科学的态度慎重对待，对各项信息认真分析，在此基础上，做出判断。

在实际操作中，人的心理是复杂的，因而这种模棱两可的情况经常发生，当遇到难以判断的情形时，评判人员为了增加结论的可靠性，可综合运用以上两种方法，或先做心理测验，对不确定项可再次进行面谈和深入了解；也可先做一般性精神检查，再用适宜的量表做专门评定。

三、体育锻炼与心理健康

（一）体育锻炼对心理健康的促进作用

体育锻炼对健康心理有着积极的作用。通过体育锻炼，人们可保持积极的情绪状态，充分发挥自己的潜能，培养自己克服困难、应对挫折的能力。

第一，体育锻炼可以促进智力发展。体育锻炼能很好地促进人体的神经系统机能以及血液循环。长期进行体育锻炼，心肺功能会不断增强，人体新陈代谢速度也会显著提升。这一系列改变，能够使大脑获得更多氧气，而这些氧气就为记忆力及思维力提供了充足的物质保证，从而促进智力的发育。

第二，人在进行体育锻炼时能够获得丰富的情绪。运动往往能给人们带来强烈的愉悦感，这可以使人的负面情绪得到消减，例如焦虑和抑郁等。人的机体积极心理变量水平可以在长期的体育锻炼下得到显著的提升，这能对人体的情绪进行很好的调节。而心理健康又必定需要一定的乐观情绪，所以体育锻炼能够促进人的心理健康。

第三，人格可以在体育锻炼中获得完善。人们会在体育锻炼时面临各种各样的问题，如变化的气候、较难的动作、运动损伤和疲劳等，在面临这些问题的过程中，人们能够获得更高的心理承受能力和意志力，更有利于保持人的乐观心态。

第四，人们在体育锻炼的过程中可以获得更好的自我概念。人对自我情感、身体与思想的整体评价就是自我概念，包括对自我的喜好、主张与整体评价等。自我概念十分强烈地联系于自己的身体表象，其中包括个体的外貌、身体自尊、身体图像、健康状况等。人的身体自尊自信心与个体的肌肉力量有紧密的联系，所以锻炼能够对人体的外在形态进行改变，并使人获得更高的自我概念和更强的自信心。

第五，体育锻炼可以促进人际关系的和谐。当今年代，人们都沉迷于网络，网络社交已经逐渐代替了面对面的社交，这使人们的关系逐渐疏远。但体育锻炼能够集合不同年龄段和层次的人群，使这一局面得以打破，将一个更好的平台与机会提供给个体之间的交往。这种社交形式可以使人们的孤独感、痛苦和烦恼降低，培养人的团体协作能力。

第六，体育锻炼可以治疗人类的心理疾病。人的心理疾病可以通过一定的体育训练治愈。从相关资料得知，抑郁症能够在长期的体育锻炼下被有效对抗。这是由于人们在运动的过程中能够产生愉悦感和兴奋感，获得一定的自我成就感。

(二) 体育锻炼中影响心理发育的因素

体育锻炼要达到产生良好心理效应的目的，消除不利影响，应注意以下因素：

（1）喜爱体育锻炼并从中获得乐趣，是体育锻炼产生良好心理效应的基础。如果对体育锻炼没有兴趣，那么就很难从中获得乐趣，就不可能产生满足感和良好的情绪体验。

（2）体育锻炼方式应以有氧运动为主，宜采用重复性高与有节律的身体活动，如慢跑、游泳、骑车、跳绳等。

（3）研究表明，不同的运动项目或不同的运动形式所获得的心理效应是不同的，所以可以避免那些竞争激烈的运动项目，多选择以个人形式进行的项目，这样无论是在运动时间、空间，还是动作节奏方面，都更易于控制，更容易获得良好的情绪体验。

（4）锻炼者应注意运动强度和运动时间。要想获得良好的健心效果，运动强度应以中等为好，即心率控制在最高心率（最高心率 = 220 – 年龄）的 60% ~ 80%，一次锻炼的持续时间控制在 20 ~ 30 分钟。运动强度过大，易产生紧张感和疲劳感；运动强度过小，很可能心理效应尚未出现。运动时间过短，达不到锻炼效果；而运动时间过长，又可能造成厌倦、疲劳，引起不良情绪反应。

（5）体育锻炼应持之以恒。身体练习的系统性越强，体育锻炼所产生的良好心理效应就越明显。

四、促进身心健康的运动处方

（一）运动处方的理解

运动处方的概念最早是美国生理学家卡波维奇在 20 世纪 50 年代提出的。20 世纪 60 年代以来，随着康复医学的发展及对冠心病等疾病康复训练的开展，运动处方开始受到重视。1969 年世界卫生组织（WHO）开始使用运动处方术语，从而在国际上得到认可。

根据 21 世纪初运动处方在国内外发展的情况，我们可以将运动处方（Exercise Prescription）理解为：由康复医师、康复治疗师（士）以及体育教师、社会体育健身指导员、私人健身教练等，根据患者或体育健身者的年龄、性别、一般医学检查、康复医学检查、运动试验、身体素质、体适能测试等结果，按其年龄、性别、健康状况、身体素质，以及心血管、运动器官的功能状况，结合主、客观条件，用处方的形式对患者或体育健身者适合的运动内容、运动强度、运动时间及频率做出规划，并指出运动中的注意事项，以达到科学地、有计划地进行康复治疗或预防健身的目的。

这一概念明确了运动处方的制定者、处方的对象、处方的依据、处方的内容以及处方的目的等，强调了应以处方的对象（患者或体育健身者）为中心，开出具有个性化的运动处方。这就如同医生根据病人的病情开出不同的药物和不同的用量的处方一样，要科学地锻炼身体，提高健康水平，也必须"对症下药"。

（二）运动处方与心理健康

运动处方虽然已经得到广泛的应用，并取得了良好的锻炼效果，但是大多运动处方只注重身体机能的变化，未能关注心理活动的变化。近年来，我国有关学生心理健康的报道中，发现为数不少的学生存在心理健康问题。研究表明，体育运动特别是中低强度的有氧运动是改变不良心理状况的有效手段。另外，人们在进行体育锻炼时，未达到生理有效变化时，心理已发生有效的变化，过大的强度会造成学生心理上的伤害。体育运动对于增进身体健康的作用是人所共知的，但人们对体育运动的"健心功效"方面的认识还不够重视。因此，在开运动处方时，相关人员应对心理因素多加关注。

1. 锻炼强度与心理效应

锻炼强度影响锻炼心理效应已被众多研究所证实，但对于大强度能在多大程度上或能否产生积极心理效应存在很大争议。多数研究表明，中等强度的体育锻炼能取得较好的锻炼心理效应。一些研究者认为，大强度锻炼可能降低应激水平。而另外的一部分研究者认为，高强度锻炼可以增强心肺功能，提高代谢水平，但它改善心境状态的效果不好。

一项研究认为，8分钟高强度锻炼后，心境量表测量发现紧张感和疲劳感短时间增加；低强度锻炼活动后会感到精力和活力方面的积极变化。这似乎表明低强度的锻炼比高强度对心境更具有积极的作用。

艾文（1984）和他的同事对52名排球运动员进行实验发现，被试在经过5分钟相对低强度（最大心率65%～70%）的锻炼后，POMS测验中的消极情绪显著减少。伯格（1992）等人认为有规律地从事中等强度活动，每次活动20～60分钟有助于情绪的改善。

我国学者季浏、李林（2000，1999）选用EFI（体育锻炼感觉量表）和MHT（心理健康诊断测验）对不同强度体育锻炼与中、小学生心理健康的关系进行了实验研究。结果发现，小学中等强度和小强度组被试的精神振作感得分明显高于大强度组的被试，疲劳感得分明显低于大强度组的被试，中等强度组被试的积极参与感得分明显高于大强度和小强度组的被试；中学中等强度组被试的精神振作感得分明显高于大强度和小强度组的被试，疲劳感得分低于小强度组的被试，积极参与感得分明显高于小强度组的被试。由此表明，中等强度和小强度的锻炼有利于促进小学生的心理健康，大强度锻炼对小学生的心理健康有负面影响，而中等强度和大强度的锻炼有利于中学生的心理健康。

曹京华（2002）等人对男大学生的实验研究发现：50%最大摄氧量和75%最大摄氧量强度的锻炼能获得同样效果的积极和消极的情绪影响；慢跑和踏级两种不同的运动方式对心理疲劳的影响不同，踏级运动保留心理疲劳感的时间更长，但对情绪的影响没有显著性差异；进行30分钟有氧运动后，积极情绪呈上升趋势，消极情绪呈下降趋势，并且这一心理效果至少保持到运动结束后的60分钟；有氧运动对心理疲劳的影响随着时间的延长而下降，并在运动结束后60分钟才出现明显的下降。

综上所述，对于运动强度心理效应的研究还没有达成一致。但就目前的研究来看，中等强度已得到多数研究者的认可和证实。因此，对大多数人而言，体育锻炼时最好采用中等强度。

2. 运动时间与心理效应

有研究发现5分钟的步行运动就能改善心境，但大多数研究认为产生心理效益的运动时间需要20～30分钟。也有研究认为40～60分钟的持续时间可能更好。因此，如果锻炼的持续时间少于20分钟，在多数情况下是不会产生心理效益的。这是因为锻炼产生的心理效益还未来得及出现，身体活动就已经结束了。有研究认为，通过身体锻炼进入积极陶醉状态并使大脑得以自由运转所需要的时间是40～50分钟。研究表明，如果在某一运动强度下锻炼时间过长，有可能会造成疲劳、厌倦，不仅不利于产生情绪效应，还可能对情绪造成损害。摩根等人在实验中通过故意增加游泳者的锻炼距离来检查心境可能恶化的程度，游泳距离在10天内突然从4000米增加至9000米，锻炼时间至少延长1倍，锻炼强度也异乎寻常地高达94%最大摄氧量，结果表明，被试的抑郁感、愤怒感、疲劳感和总体心境紊乱分数显著增加。因此，他们指出，锻炼的持续时间如果超过了一定限度，就会产生消极心境。

在持续的周期性运动中，运动时间和运动强度的乘积就是运动量。运动时间应随运动强度的变化而变化。因此，在开运动处方时，确定运动时间应根据运动目的及负荷强度来设定能引起机体产生最大心理效应的运动时间。

3. 运动频率与心理效应

大多数研究认为，每周锻炼 2~4 次可以降低抑郁水平，这也基本符合生理学运动处方的要求。有分析研究的结果表明，心理健康的效益随着锻炼次数的增加而增加。

有人让被试者做 80%~85% HRmax 强度的功率自行车运动，并进行生理和心理测试。结果发现，状态焦虑短时下降并且脑电图能量上升的人是那些在过去两年内有规律锻炼的人，没有长期锻炼习惯的人在大强度运动后，未见焦虑有任何程度的下降。

由于一般人锻炼后的心理效益可持续 2~4 小时，锻炼后造成焦虑短暂下降和收缩压降低的效果可持续 2~3 小时，这个时间比单纯休息长。因此，要维持身体锻炼的心理学效益并使之长期发挥，就必须使体育锻炼融入自己的生活中，长期坚持，养成终身锻炼的习惯。

第二节　射击运动员易形成的心理问题与改善方法

一、射击运动员易形成的心理问题

（1）射击运动员易形成习得性无助。习得性无助是指通过学习形成的一种对现实无望和无可奈何的、消极的、特殊的行为或心理状态。有习得性无助问题的个体，常常会因为无法控制各种情境的发生、发展或消亡，而出现焦虑、沮丧、面临困难任务时会很快放弃的表现。在射击运动的训练和比赛中，一些运动员的表现十分特殊，那就是平时无论训练成绩多好，考核、比赛时无论如何都不相信自己的能力，甚至比赛还没开始就已经预料到自己将会失败，而结果也正如他们所预料的那样。

（2）射击运动员易形成赛前焦虑。据统计，87.7% 的运动员在比赛前都有紧张、焦虑、恐慌等情绪。思想上注意力不集中、记忆力下降、训练效率低、思维僵化；技术上状态不稳定、协调能力下降；身体上出现头痛、食欲下降、恶心、心慌、睡眠不好等。运动员会产生比赛前焦虑，大部分是因为在大赛中有过惨痛的失败经历，这些失败的阴影可能会对其产生持久的、巨大的影响。

（3）射击运动员在比赛过程中易形成苛求的心理。苛求心理是被认为普遍存在于射击运动员中的一种心理问题，是伴随射击比赛过程而产生的一种因为对比赛本身要求过严而导致的不利于比赛顺利进行的心理状态。在比赛过程中，运动员会狠抠每一发的成绩，哪怕只有一发子弹没发挥好，就会在心里打鼓、注意力分散、产生不好的预见，此时运动员的头脑里就会充满对失败的恐惧，再也难以正常发挥，这种恐惧影响运动员对技术动作以及思维活动等方面的控制，最终导致比赛失利。

（4）赛后运动员存在或压抑或亢奋的心理状态。现今，运动员参加比赛的训练周期较短，每当参加完重大比赛，不论是成功还是失败，其心理压力都会比较大[①]。在比赛中失利的运动员，可能会彻底丧失信心，一蹶不振，从此难以再在此次失利的阴影下取得好成绩；但也会有一些乐观的运动员，在失落一段时间后，总结经验，找出失败的根源，迅速走出失败的阴影，重新振作起来。

（5）射击运动员心理因素与射击成绩之间的关系。长期执教的经验告诉人们，提高心理水平能够提高射击成绩。射击项目是运动员在高度心理压力的情况下，在技术水平上进行较量的运动项目。只

---

① 任波.运动心理学在射击运动中的应用研究 [J].赤子 (上中旬)，2015(16)：251.

有能够控制自己的心理状态，才能取得优异的成绩，这是作为优秀的射击运动员所必须具备的能力。

二、射击运动员心理状态的调控措施

(一) 预防习得性无助，教练员与射手共同矫正

习得性无助的射手往往十分缺乏自信，这种心理状态就是运动员对自己不断采取消极的情绪，且在训练和比赛中不断被负强化。因此，教练可以通过正强化使其矫正过来，多让运动员从自身分析失败的原因，少强调客观因素，重视可控因素 (自身的努力)，忽略不可控因素 (天气、干扰等)，帮助运动员正确、合理地分析这种无助感产生的原因，重塑自信心。

(二) 以积极措施应对普遍存在的赛前焦虑

绝大多数运动员比赛前有紧张、焦虑、恐慌等情绪，正常和轻度比赛焦虑水平的运动员占80%以上，比赛焦虑明显和严重的运动员占48.4%。运动员想消除比赛焦虑要从以下几方面入手。

(1) 要对运动员进行评估。因为只有敢于面对可能发生的最坏后果，运动员才能从容地面对现实。要对这些问题直截了当地进行探索，越具体越好，最好是拿出训练笔记本清楚地写下来，问题明确了才能更有针对性地制定解决方案。消除焦虑本质上就是要帮助运动员"放下"。

(2) 评估的有效措施。它主要包括以下几点：①判断已采取的措施有无帮助。若没有帮助，就要立刻做出调整。有些运动员会不停地训练，如将卧射、立射、跪射轮流练，看似刻苦训练，实际上效果不大。他们也许只是因为焦虑，只有不停地举枪训练，才能压住内心的不安感。②教练应该制定多样化的赛前训练方案。体能训练与

心理训练相结合、实弹与练习相结合、日常训练与各类比赛考核相结合，避免单一枯燥的赛前训练方法，这样会提高记忆效果。③合理安排训练时间。运动员要充分利用大脑的"最佳时限"，在头脑清醒、精力充沛时，训练安排可适当加量。

（3）制定工作方案，将消除焦虑的具体措施做细做实。这主要有以下几个步骤：①要有条不紊地展开工作，消除心理上的不确定性，避免忙乱。②运动员在日常训练中应充分利用业余时间，如走路时、睡觉前在头脑中回放 10 环动作、击发瞬间的感觉等。③教练要对运动员进行正确引导，使运动员学会多角度地分析问题，充分发挥主观能动性，并使教练与运动员之间的气氛融洽和谐，彼此间的信任感会提高运动员的积极性，同时也有助于减弱和消除运动员赛前的焦虑。

(三) 避免产生苛求心理，运用影响因素消除

（1）或坐或站，入静、想好的动作景况。这可将心理机能和动作操作结合；将放松、表象技能作为好的技术动作的开始，又可通过放松、表象达到注意专注、心情平静地进入比赛的目的。

（2）修标尺。通过微调找到打 10 环时人、枪、动作融为一体的情况；作为自我感知（自我觉察、自我决策）的一个环节，可增加比赛的控制感和自信心。

（3）试射和记分射连接起来打，不间断。避免情绪骤然变化和动作变形。

（4）适当放大瞄区。避免找到点后有意识地扣响或猛扣扳机，出现远弹；利于在晃动中自然响，命中率高。

（5）视力（精力）回收。避免视力（精力）前移，造成靶实枪虚的不利局面；利于瞄扣配合、适时击发。

（6）击发后保持2秒再放枪，运用预感预报，将动作作为始动环节传导至大脑（动作感觉）与10环的好动作表象相比较，评价动作的好与不好；若评价准确，则提供下一发动作操作的执行信息，提高动作成功率，有利于稳定心态和掌控动作。

（7）默动训练。从零开始，平复心情。出现远弹往往心理不认可，必须通过自我暗示，尽快消除心理阴影；将调整心态作为改进动作的基础和前提，利于在头脑中重新提取出好动作的表象，为下一发的成功发射做准备；想在前、做在后，以实现想与做的紧密结合。

（8）不过多地重复举枪，尽量与平时打枪习惯相近。用平时的速度打，利用习惯的力量打比赛，会感觉轻松、容易一些；避免超时或到最后情绪紧张，这样会越打越难打。

（9）掌握节奏。防止越打越快，以子弹试动作；防止节奏过慢，耽误时间。注意节奏，实际上就是把握心态。防止过快，可避免因动作毛糙而出现远弹或连续出现远弹；防止过慢，可避免将自动化动作掺上过多的意识干预，造成动作不连贯，或消极思维和多余思维对比赛过程的干扰。

（10）精力集中于自己、现在和动作上，不管别的运动员表现如何、成绩怎样，做好信息回避。避免不可控事物对运动员比赛的干扰，造成情绪波动或心理能量的不必要消耗，并直接影响比赛成绩；将注意这一有限的心理能量集中在可以控制的事物上，做到控制视域、控制心情、控制思维、控制动作，提高运动员对比赛的控制感和实效性，保证比赛的平稳顺利进行。事实证明，做好比赛的心理定向是保证比赛发挥的必要条件。

（11）有问题找教练。出现问题时，往往当事者迷、旁观者清，教练是运动员的得力参谋，能较清楚地发现运动员的问题，为运动员指点迷津，使运动员尽快走出误区，利用短暂的时间休整一下，有利于再战。

(四) 赛后消除比赛成绩的干扰，全心投入下一周期的训练

想要消除干扰，首先就要确定运动员当前的心理状态。也许只是因为一段时间以来连续训练比赛，运动员无法好好休息，致使他们消极训练。针对这种情况，教练应该不间断地对运动员的生理指标和身体素质指标进行监测，并且积极进行恢复训练，配合合理的营养膳食及体能训练，使运动员尽快恢复。

三、射击运动员心理状态调控建议

第一，运动员要想将正常水平发挥出来，就必须掌握心理训练技能。如今我国的射击运动项目，其中气步枪项目获得了越来越高的成绩，各个运动员几乎拥有相似的成绩。运动员在比赛中出现比较差的环数时会面临十分大的心理压力[①]，所以除了技术之外，心理技能也是射击运动员比赛中的重要影响因素。如果运动员能够熟练运用心理技能，就能够在比赛中稳定自己的情绪，确保比赛时自身水平的稳定发挥。

第二，发挥运动员的技术水平需要进行心理训练。心理的调控存在于运动员设计的整个过程，对于动作的配合与质量有着直接影响，能够对现场发挥战术水平的效果起决定作用，甚至直接决定比赛的成败。运动员经过系统的心理训练后，能够对自身情绪进行有效控制，保证比赛时将竞技状态调整到最佳，使自身的水平充分发挥出来，以获得良好的成绩。运动员在日常的心理训练过程中，应

---

① 孙安 . 射击运动员心理训练的实践路径解析 [J]. 当代体育科技，2015，5 (21)：53+55.

当掌握自我心理调控技术。

第三，运动员必须要有效地结合操作动作和心理调控。这一点需要经过严格的训练才能够形成，同时要想巩固调控成果也需要长期的系统训练，使运动员能够在比赛中达到更高的水平。

第三节　射击运动员心理素质的提高策略

与肢体运动项目相比，射击运动挑战的是心理素质，射击运动要求稳中求精。稳便是要求运动员心态平稳，身体平稳；精便是对射击精度而言的，要求射击的精准度很高。我国射击运动员赵颖慧作为射击运动员的榜样在相关赛事取得的成绩与表现便可以说明比赛心态对射击运动的影响有多大。在悉尼奥运会前的相关赛事上，赵颖慧的成绩非常优秀，几乎囊括了所有大赛的世界冠军，但是在悉尼奥运会上赵颖慧却与冠军无缘。首金的巨大压力使赵颖慧无法将全部精力投入到比赛中去，如果从射击的基本功与技术上来讲，赵颖慧能力突出，输就输在了心理压力上。本节以我国射击运动为主体进行探究，总结赛事经验，训练射击运动员的心理素质。

一、射击运动员心理素质的训练和培养

(一)加强教练赛前心理训练意识

运动员的心理训练相对比较抽象，首先需要运动员以及教练树立强烈的心理训练意识，教练和运动员如果没有相应的赛前心理训练以及调整的意识，势必会影响运动员的比赛成绩。射击运动赛前运动员一般不愿意放弃强化训练，认为减少训练量会影响比赛过程中的射击感觉，甚至会刻意增加训练强度，忽略了赛前的心理准备工作。大量的赛事结果以及相关专业人士的见解都表明赛前的心理

准备是所有赛前准备的重中之重，因为技术训练是一项长期积累的能力，而心理训练则是赛前特有的。

(二) 教练配合运动员做好赛前心理准备

运动员的心理素质并不是先天的，通过运动员日常的不断磨炼会提升自己比赛的心理抗压能力。相关学术论点表明，运动员平常对心理强度的训练和教练的正确引导是十分必要的。本书通过相应途径了解并总结了有关专家对运动员和教练如何正确提升赛前心理素质的建议：心理素质与专项技术训练截然不同，相比而言，心理训练要相对复杂得多，因为心理训练是一种虚拟训练，只能通过侧面去提升心理强度，在锻炼心理素质过程中要采用较多的方式方法，综合各种训练方式方法，例如佛学的静心术——坐禅，在日常训练中不断提升自己的基本功来培养自信心，在必要的环境下给予自己较好的心理暗示。教练在每天的训练中要合理地抽出一部分时间和精力来辅助运动员进行心理强度训练，运动员自身比较重视技术训练，但是教练应在技术与心理上掌握大局，加强对运动员性格的了解，掌握运动员在不同环境、不同情况下正常的心理波动，因人而异设计更加合理的训练方案。

二、比赛与训练过程中多种训练方式的综合运用

(一) 赛前心理定向

所谓的赛前心理定向并不是对自己比赛成绩的定向，而是对自己技术水平与实力的定向，因为成绩在比赛过程中变数较大，很多职业选手实力相近，比赛成绩千变万化，所以对成绩的定向对心理障碍来讲无疑是雪上加霜。射击运动员在自己赛前定向便是利用自己的实力与合理突破作为赛前心理定位的重要标准，通过对自身的

认识和了解来提升自己在比赛过程中的信心，通过自我了解发现相关问题并在第一时间分析解决，合理的赛前心理定向会让自己全身心地投入比赛中，挑战更高的成绩便是挑战自我的极限，这样不会使射击运动员在比赛过程中分心。

（二）赛前注意力的调控与锻炼

射击比赛是技术战，更是心理战，比赛过程中运动员注意力的集中程度体现了运动员的心理强度以及抗压能力，运动员要通过日常训练来提升自己的注意力，在平时的训练过程中要寻找合理的方式方法，因为一些注意力集中的训练方法在比赛过程中没有实用性。我们可以将运动员的心理素质以及注意力的训练与现代医学相结合，利用医学疗法来提升运动员的注意力集中程度，具体方案为针灸与按摩等理疗方案，原理在于通过针灸来控制穴位，从而降低运动员听觉来减少外界观众对参赛的射击运动员造成的噪音影响，从而提高运动员的注意力。按摩的目的在于使运动员全身处于一种舒适的状态，减少疲惫感，从而将注意力集中起来。医学理疗是通过运动员相应器官组织的相互协调来增强抗干扰能力的方案，在比赛过程中使用，效果十分理想。我国相应工作人员已经将这种方案应用到射击运动员身上，并取得了较好的效果。

（三）回避赛事信息

比赛成绩是运动员最大的心理负担，在比赛过程中会出现运动员越在意成绩越发挥不好的现象，想要避免这种不良现象的出现，需要运动员做好良好的心理调控。相关专业人员提出回避法，这种方式很快便得到了大家的认可，尤其对射击运动来讲，射击运动在比赛过程中不涉及战略转换，因此只要运动员发挥出自身最佳水平即可。射击教练喻瑛信息回避法充分应用到射击运动员身上，运动员在比赛过程中有意不去看自己的成绩，因为射击运动员在知道自己射击成绩后会在心中形成信息反馈，引起运动员内心微妙的变化，无论是成绩高与低都不利于接下来比赛的正常发挥。如果运动员在比赛过程无意间看到自己的成绩便形成了信息回避失败，运动员要针对自己的情况做出合理的调整，争取忽视相关信息继续进行接下来的比赛。

射击赛事是人们非常喜爱的赛事之一，我国射击运动员的实力较为突出，在各项赛事中都取得了较高的成绩。面对技术训练与心理训练，相关教练以及运动员应更加重视心理训练，因为心理训练对于射击运动项目来讲至关重要，面对较高精度要求的体育运动项目，如果运动员的抗压能力较强，就可以保证比赛的正常发挥。赛前心理训练不仅仅是运动员的工作，更是教练的工作重点，将相关心理素质提升方法结合到一起，与此同时相应教练应为每位运动员提供合理的训练方案，并在不同方案的选择上因人而异，确保射击运动员拥有良好的心态进行比赛，从而取得优异成绩。

第四节　射击运动心理训练的常用方法启示

一、心理训练中的行为主义方法

心理训练中的行为主义方法是建立在行为主义学习理论（如经典条件反射学说和操作条件反射学说等）基础上的。这些方法可以有效地促使人的不适应行为减少或消失，并激发和强化人的适应性行为。行为主义的这些方法最初只是应用于心理治疗和学习等领域，后来被引入竞技体育和学校体育中来，并在调节和控制运动员紧张、焦虑反应上显示出积极的作用。

(一) 放松训练

1. 放松训练的界定

放松训练是最常用、最基本的一种心理训练方法。它主要是借助语言暗示等手段使身体放松，进而引起心理放松。现有研究发现，放松训练至少有减轻心理压力、获得生理上的益处、调节兴奋水平、作为心理训练的基础的作用。

对于放松训练所引起的作用机理，现在还不十分清楚。它涉及"语言暗示是如何使身体肌肉放松的"和"身体肌肉放松又是如何导致心理放松的"这样两个基本问题。目前在这方面有一些理论假设，最为常见的一种就是双向调节说。即认为，大脑与肌肉之间具有双向联系，信号不仅可以从大脑传至肌肉，也可以从肌肉传往大脑；由于人类普遍具有不同程度的受暗示性和念动能力，因此可以通过有关放松的语言暗示来调节肌肉的紧张度，使之逐步放松；肌肉放松时，向大脑传递的神经冲动就会明显减少，大脑的兴奋性随之下降，心理上就感到轻松[①]。

2. 放松训练的常见方法

放松训练的方法有很多，经常使用的有表象放松训练、渐进性放松训练、自生或自律训练、三线放松功，以及生物反馈放松训练等。放松训练的方式也不少，如自我暗示、听放松录音磁带、节拍诱导以及生物反馈诱导等，常见的放松训练法有以下几种。

（1）表象放松训练

这种方法主要是通过想象放松情景来逐渐达到放松训练的目的。例如，想象自己在树林中或公园里散步；想象自己躺在海绵垫上或

---

① 高民. 论体育运动与心理健康的关系 [J]. 铜仁学院学报，2011，13(03)：70-72.

草坪上；想象自己在温暖的阳光下躺在海边沙滩上或其他可以想象到的放松情景等。需要指出的是，想象出来的放松情景应该是自己曾经感受到放松的那些环境。如果一个人从来没有去过海边，没有这方面的直接体验，他就很难通过想象躺在海边沙滩上那种舒适感受来放松身心。

在表象放松训练时，一般要求练习者躺在地上或床上，手臂放在身体两侧，腿不要交叉，闭上双眼；同时要求他们想一想感到非常放松和舒适的一些情景，让他们尽可能地将这些情景想象得生动、逼真，有身临其境之感。另外，不必拘泥于产生一种放松情景的表象，也可以经常变换一下。

(2) 渐进性放松训练

渐进性放松是美国学者雅各布森在二十世纪二三十年代精心设计出来的一种放松训练方法。在此之后经过多年的临床应用，这种方法又得到了不断修改和完善。这种方法要求练习者主动先收紧某一肌群，体会这种紧张，然后让它充分放松，并把这种紧张"排出"体外。这种方法的主要特点是通过肌肉的紧张与放松的对比，使身心逐渐放松。

与其他放松训练方法相比，逐渐性放松训练略显琐碎，但可以通过对这一方法的实际应用来了解放松的要领。例如，体验"用力握拳5秒"的紧张，然后放松10秒，并体验这种紧张被全部赶走的松弛状态。

在进行渐进性放松训练时，练习者要选择一个安静的环境，采用坐位和卧位即可闭上眼睛，参照放松的具体步骤依次"紧张、放松"，每次肌肉收缩5~10秒，然后放松10~30秒，根据情况也可以调整时间，尤其要注意体会肌肉紧张是什么感受，肌肉放松又是什么感受。训练过程中要使用渐进性放松训练的录音磁带，边听边做，做一遍的时间是 20～30 分钟。

（3）自生或自律训练

自生或自律训练是通过特定的自我暗示语来降低或消除身心紧张反应，从而松弛身体的一种放松训练方法，它有下面六种练习特定暗示语：

背景练习："我非常安静"。

第一种练习（沉重感）："我的右（左）手或脚感到很沉重。"

第二种练习（温暖感）："我的右（左）手或脚感到很温暖。"

第三种练习（心脏调整）："我的心跳平稳、有力。"

第四种练习（呼吸调整）："我的呼吸顺畅。"

第五种练习（内脏调整）："我的腹部很温暖。"

第六种练习（额头凉感）："我的前额凉爽。"

练习者进行自生训练或自律训练，可采用卧姿、坐姿或半躺式练习姿势，以全身放松、舒适为原则。在自生训练过程中，练习者一边默念特定暗示语，一边要进行积极想象，并注意体会相应的四肢温暖、沉重等感受。自生训练的六种练习，可以一个一个地学习，也可以把它们放在一起来练习。最终大多数练习者可以达到只要重复默念 12 次这些暗示语，就能使自己进入舒适、愉快和宁静的"自然发生状态"。自生训练的最大优点是暗示语容易记，便于练习者自己随时随地进行练习。

（4）三线放松功

中国传统气功讲究从放松入手，在长期实践中人们总结出一套有效的方法，称它为放松功。放松功是通过有步骤、有节奏地依次注意身体各部位，结合默念"松"字的方法，逐步松弛四肢和全身的肌肉，以调整身心反应。由于放松功主要是把身体分成两侧，前面和后面3条线自上而下地依次进行放松，因此，也被称为三线放松功。

（二）生物反馈训练

由于人的自主神经系统所支配的内脏和活动信号微弱，一般不易察觉（例如人们不知道现在自己的心率和血压是多少），得不到一点儿反馈信息。现代先进的医用电子仪器的问世，为人们及时了解内脏活动的变化情况提供了便利条件，这些电子仪器通过放大人们身体内部微弱的生理电变化，如脑电、肌电和皮肤电等，使人们得以看见或听到机体活动的变化情况，并能同时通过人们自己的主观意愿对这些反馈信息加以改变，进而可以学会随意控制自己的内脏活动。

1. 生物反馈放松训练在体育锻炼中的应用发展

在生物反馈实践中人们发现，要想学会随意控制这些内脏生理变化，并非短时间或几次就能实现的，而是需要反复多次的练习。在这样的背景下，生物反馈训练应运而生并得到广泛应用。20世纪70年代，生物反馈训练开始被应用于竞技体育之中，利用它来帮助运动员掌握精细动作，调整动作节奏，纠正错误的动作姿势，以及促进运动员肌肉损伤后的恢复等。除此之外，利用生物反馈与放松方法的结合来提高运动员对抗比赛紧张反应的研究与应用也取得了较好的效果。

过去人们对生物反馈训练不大了解，使用也不多，现在由于国内已能生产生物反馈仪，而且价格也不高，加上一些单位进口了国外生产的生物反馈仪，推动了我国生物反馈训练的开展，同时人们也积累了一定的经验，与其他心理训练方法相比，进行生物反馈训练要受到一些客观条件的制约，掌握起来虽然困难一些，但是要比人们所想象的简单得多。

近年来，现代生物反馈技术与放松训练方法结合起来进行的生物反馈放松训练，得到广泛应用并受到欢迎，将生物反馈应用于放松训练，可以帮助练习者通过视觉或听觉信息反馈，了解自己在安静状态、程度不同的放松或紧张情况下内脏生理活动的变化，从而按照指导者的要求，循序渐进地学会控制内脏的生理活动。生物反馈放松训练突出的优点是能克服放松训练的盲目性，加速放松训练的进程，提高放松训练的效果[①]。

2. 生物反馈放松训练的方法

首先，生物反馈放松训练方法必须具备三个基本条件，即要有生物反馈仪、合格的指导者和适宜的训练。常用的生物反馈仪有：肌电生物反馈仪、心率以及血压生物反馈仪、肌电生物反馈仪等。近年来，脑电生物反馈仪在一定范围内也得到了应用。目前，先进的多指标的生物反馈训练系统较受欢迎。指导者应熟练掌握生物反馈仪的使用方法，充分了解生物反馈训练的有关知识，最好有一些这方面的工作经验，这种训练通常是在安静舒适的场所内进行。其次，练习者要选择合适的放松训练法，可以根据个人的喜好等实际情况，从众多的放松训练方法中选择一种。最后，练习者要确定反馈方法（视觉或听觉）、部位（前额或前臂等）和反馈目标值等。下面论述肌电生物反馈放松训练的具体操作方法。

指导者把生物反馈仪放置在练习者视觉水平以下的桌子上，使用前要检查仪器各部件及地线的连接情况。安放电极前，用酒精棉

---

① 谷松，王长生，谷长江，等．体育运动中心理坚韧性：构念、测量与展望 [J]．北京体育大学学报，2015，38(04)：78-83.

球擦净前额皮肤上的油脂，然后向一次性肌电传感电极内灌注导电糊，将两个信号电极分别放置在双目平视时瞳孔上方过眉1厘米的前额处，将参考电极放在两个信号电极之间的额肌处。根据练习者的实际情况在生物反馈仪预置目标拨盘上设置具体的反馈目标值，然后打开电源，按下肌电反馈钮的开关。

在选择视觉反馈方式的第一次训练时，指导者要告诉练习者：当肌肉紧张时，生物反馈仪面板上发光矩阵光点向左侧移动，反之则向右侧移动，并向预置目标值的指示灯前进。光点前进或倒退的多少反映了肌肉的细微变化程度。练习者在放松训练过程中，可以通过观察光点的位置和运动变化来了解自己肌肉放松的程度，这种反馈信息有助于练习者进一步放松。通常前额肌电值在2V～3V之间时，练习者已感到肌肉放松。因此，所设计的反馈目标值一般是在这个范围内。每一次肌电生物反馈放松训练的时间是20分钟左右，训练结束后可通过外设的微型打印机把有关结果打印出来，供练习者分析使用。

（三）系统脱敏训练

系统脱敏训练是用一种放松训练的方式，按一定程序来消除或减弱人们焦虑、紧张或恐惧反应的心理训练方法。系统脱敏训练主要是把肌肉的充分放松与练习者所描述的引起其焦虑或恐惧的情景多次相结合，以身体的放松来抑制焦虑或恐惧。一般是让练习者先放松身体，然后去接近一个能引起微弱焦虑或恐惧情绪的刺激。由于这种放松所具有的抑制作用，练习者能够忍受体验到的焦虑或恐惧。

练习者进行多次练习后，这种微弱刺激就会"失去作用"，练习者也不再会因类似情况的出现而感到焦虑或恐惧，即脱敏。紧接着引导者引入强一点的焦虑或恐惧情绪的刺激，重复上述过程，最终使练习者不再体验到焦虑或恐惧情绪反应，使这些不良情绪反应强度明显降低。这些年来，认知训练被引入到系统脱敏训练中来，即让练习者分辨那些不合理的引起焦虑或恐惧的观念，并用合理的自我解释去抑制这些观念，从而提高了系统脱敏训练的有效性。

系统脱敏训练是由放松训练、建立焦虑或恐惧事件的等级层次和实际应用三个部分组成的。训练的关键是要学会身体放松，具有一定程度的放松能力，为此要多练习，才会有结果。系统脱敏训练中一项较为重要的工作是建立焦虑或恐惧事件的等级层次，通常要先找出让练习者感到焦虑或恐惧的许多事件，并要求他说出对每一事件感到焦虑或恐惧的程度，然后把这些事件按从弱到强的刺激强度排列出来。系统脱敏训练的实际应用是指练习者在放松的情况下，按照建立起来的焦虑或恐惧事件的等级层次，列出事件内容，依次进行想象系统脱敏（SD-I）或现实系统脱敏（SD-R）。

想象系统脱敏，是指让练习者在充分放松时，开始想象焦虑或恐惧事件等级层次中的第一个事件（也就是引起焦虑或恐惧最弱的那个事件），要求练习者清晰地想象此事30秒左右，然后停止想象，重复练习多次，直至练习者对这一事件不再感到焦虑或恐惧为止。紧接着指导者再对下一个事件进行同样的想象系统脱敏训练，直至把焦虑或恐惧事件等级层次中所有事件全部想象脱敏一遍，使得练习者焦虑或恐惧反应最终被抑制或消除。

现实系统脱敏，是指让练习者在引起焦虑或恐惧的系列现实情境中去逐渐适应，直到不再感到焦虑或恐惧。

一般情况下，人们认为就实际效果而言，系统脱敏训练应主要采用现实系统脱敏，但是在过去的研究和实际应用中，许多人选用了想象系统脱敏，这主要是由于想象系统脱敏比现实系统脱敏操作起来容易得多。近年来，现实系统脱敏的使用明显增多。

二、心理训练中的认知方法

心理训练中的认知方法基于现代认知心理学理论，它强调两点：第一，人的认知因素（记忆、思维和想象等）与行为和情绪密切相关。第二，对这些认知因素的调整可能引起行为和情绪的变化。认知方法就是要通过改变人的认知活动，从而达到改善行为状况和情绪状态的目的，心理训练的认知方法从出现到现在，一直受到人们的欢迎，并得到广泛应用且取得了较好的效果。

（一）表象训练

1. 表象训练的内涵

表象训练是借助言语暗示唤起已有运动表象的一种心理训练方法，也称想象训练、念动训练或心理演练等。这种方法不仅广泛应用于运动员训练和比赛中，而且也在体育教学和训练中有所使用，并取得了较好的效果。

20世纪60年代有国外学者做过有关表象训练对篮球罚球练习效果影响的实验研究。这个实验内容是这样的：把93名学生分成5组，进行篮球罚球练习。第一组，为实际投篮练习组；第二组，只表象投篮；第三组，先实际投篮练习10次，后表象投篮8次；第四组先表象投篮10次，后实际投篮练习8次；第五组为对照组，不练习。研究者检查他们投篮成绩的平均提高值，结果表明：第四组（先想后练）的成绩最好，第三组（先练后想）次之，其余几组的效果均不太理想。表象训练与实际动作练习结合进行为什么效果较好呢？这涉及表象训练的作用和机理问题[①]。

目前解释有关表象训练作用和机理的理论很多，其中较有影响的是心理神经肌肉理论。最早发现并提出这一理论的是美国学者雅各布森（即前面所讲的渐行性放松训练的创立者）。雅各布森在20世纪30年代初的实验研究中发现，让被试想象屈右臂的动作，而实际不做屈右臂的动作，其肌电图（电极放置于有关肌肉上）出现了比实际屈右臂动作时的机电波幅要低，但比不屈右臂时的机电波幅要高的现象，而且这种机电变化的形状和持续时间与实际运动时的机电图形非常相似。因此，心理神经肌肉理论认为，人在想象动作时会伴随着微弱的，但可以测量到的与实际动作相似的神经肌肉活动，而这种神经肌肉反应的多次激发可以完善和巩固动作的动力定型。

2.表象训练的形式与基本步骤

表象训练有很多形式，可以运用语言暗示、放录音引导和看录像等方法来进行表象训练。现在由于电化教学条件的改善，拍摄出有关运动技术的录像，然后播放出来供练习者观看；练习者在看完录像后，先闭眼放松，然后把刚才看过的动作在大脑中重新回忆一遍，这样反复多次进行，较为有效。表象训练的内容主要是正确的动作技能及其完成过程，但也可以是有助于身心放松的某些情景性内容。

表象训练有四个步骤：表象能力测定、传授表象知识、基础表象训练和结合专项的表象练习。其中的基础表象训练尤为重要，它是由感觉意识训练、清晰性训练与控制性训练三部分组成的，本书重点论述基础表象训练。

---

① 高民.论体育运动与心理健康的关系 [J]. 铜仁学院学报，2011，13(03)：70-72.

第一步，感觉意识训练，就是要使练习者能够察觉到他们在完成动作时的全部感受。练习者过去对自己在完成动作时的完整体验，将有助于他们唤起清晰的动作表象。通常是要求练习者在训练过程中把注意力集中在动作上，通过让他们放慢节奏来更好地专注动作细节，以使这种察觉更细致、更清晰。

第二步，清晰性训练，清晰性不仅仅是指清晰的视觉表象，而且是指动作表象中所有涉及的体验很清晰，可以采用提高表象清晰性的练习来进行。如想象自己比较熟悉的内容，每次表象练习结束后，要自己打出清晰程度的分数，以便比较和评价练习情况。

第三步，控制性训练，它主要是学习控制表象中的形象，并且发展随意打开和关闭表象的能力，具体方法有：放大或缩小、放慢或放快动作表象内容，以及利用表象来操作等。

3. 表象训练应注意的问题

在进行表象训练时指导者必须注意下面的问题：

第一，表象训练在兴趣的驱使下才能获得更好的效果。如果练习者并不喜爱或信任表象训练，那么在训练的过程中，他们可能会面临较大的心理负担，同时对训练有不利的影响。如果练习者十分肯定表象训练的作用，那么训练的效果就会比较好。指导者在对练习者进行表象训练前应当将这一训练的方法意义和主要目的传达给练习者，使练习者能够更好地认识表象训练，并提高他们参加到训练中的意愿，由衷地喜爱这项训练。

第二，表象训练不能够代替实际的动作练习，只能作为一项辅助的手段参与到训练中。实际的动作练习是动作学习过程中最重要的环节，训练者要想真正掌握动作要领，就必须反复长期地练习动作。表象训练在训练中位于第二位，它能够促进动作技能的学习，但这种帮助并不是无限的。这种训练一定要结合相应的动作技能训练，二者的比例关系尽量应设置为 25% 和 75%。练习者要想使训练效果达到最好，就必须要以适当的比例结合表象训练和动作技能训练。

第三，表象训练对于练习者来说是从零开始的，是一个学习提高的过程。这种训练并非想象中那样简单，但其难度也并不是很高。练习者要想使表象训练获得良好的效果，就要将这种训练持之以恒地进行下去，少许的训练次数并不能达到较好的效果；另外，这种训练的质量也需要得到保证，这种训练带来的动作技能应当是正确的，而非错误且扭曲的；最后一定要以放松的心态进行表象训练。

研究表明，与单纯的放松和表象相比，将二者结合能够获得更好的效果。另外，表象训练的时间设定也需要依照具体情况，不宜过长，尽量控制在 2 ~ 5 分钟之内。

（二）认知训练

20 世纪 60 年代美国学者提出了情绪认知理论，认为在情绪发生过程中认知因素起着重要作用。与此同时，以改变人的认知进而改变人的情绪和行为的认知疗法也相继问世，如艾利斯的认知治疗、梅钦鲍姆的认知行为疗法等。最初认知疗法主要用于治疗有心理障碍的病人，后来被应用于正常人，因此，认知疗法也称认知训练，也有人把它称为认知调整或思维控制训练等。为了帮助读者了解认知训练，在这里笔者着重论述美国学者艾利斯的 ABC 理论和合理情绪疗法。

1.ABC 理论

ABC 理论的要点是情绪不是由某一诱发性事件本身所引起的，而是由经历了这一事件的个体对这一事件的解释和评价所引起的。

在 ABC 理论的模型中，A 是指诱发性事件；B 是指个体在遇到诱发性事件后所产生的信念，即他对这件事的看法、解释和评价；C 是指相应的情绪及行为反应结果。ABC 理论认为，诱发性事件 A 只是引起情绪及行为反应的间接原因，而人们对于诱发性事件所持的信念、看法和解释，才是引起人的情绪及行为反应的更直接的原因。艾利斯在 ABC 理论基础上提出了合理情绪疗法（Rational Emotive Therapy，RET）。

2.合理情绪疗法

合理情绪疗法认为，人的情绪和行为源于人的思想，思想的根源为人们对一类事物的看法（即信念），而信念的产生源于人们的思维方法。合理的思维产生合理的想法和信念，不合理的思维产生不合理的想法和信念；合理的信念会引起人们适当的情绪和行为反应，而不合理的信念则相反，会产生不适当的情绪和行为反应。每个人或多或少地存在一些不合理的信念，或者可以说是人类经常受到情绪困扰或出现情绪障碍的主要原因。由于人的不良情绪和行为反应是由于人的不合理信念所造成的，因此，艾利斯强调，每个人都要对自己的情绪负责。

20 世纪 60 年代艾利斯总结出 12 种不合理信念，而这些不合理信念在当时被人们误认为是理所当然的、相当流行的观念，如"我应该得到每个人的喜欢，我的言谈举止都应该得到别人的赞许""我必须在各方面都表现得能干、胜任和聪明，而且有成就"等。70 年代以后，艾利斯把这些不合理信念分为三大类，即人们对自己、对他人、对周围环境事物的不合理信念。

不合理信念的主要特点是：①绝对化要求，即人们从自己的意愿出发，对某一事物具有一定会发生或一定不会发生这样的信念。

②过分概括化，是一种以偏概全的不合理思维的表现。③糟糕透顶，是一种认为某一事情发生了会很可怕、很糟糕的灾难性想法。

合理情绪疗法的中心问题是要用合理的信念来取代个体不合理的信念，最大限度地减少不合理信念对情绪和行为的不良影响。有人在体育比赛中出现不合理的信念，很容易导致过分紧张，为此有必要用相应的合理信念加以替代，从而降低他在比赛过程中情绪的紧张反应。

合理情绪疗法在实施时主要步骤如下：

第一步，心理教育。首先指导者要向练习者论述艾利斯合理情绪疗法的基础（ABC理论），并应通过几个实例讲清楚不合理信念与情绪、行为反应之间的关系，这是必不可少的一步。

第二步，心理诊断和领悟。这一步通常是要帮助学习者识别出引起不良情绪和行为反应的那些不合理信念。通常是寻找练习者产生这些不良反应的ABC，并搜集与ABC有关的信息，在此基础上帮助练习者认识到某些观念是不合理的，以及自身情绪和行为方面的问题是由于这些不合理信念所导致的。

第三步，改变不合理信念。这是合理情绪疗法中关键的一步。这一步主要是帮助练习者向其不合理的信念提出质疑，进行辩论，进而放弃这些不合理信念，从而解除或减轻不良情绪和行为反应。由于人的不合理信念形成并不是一日之功，不合理信念通常都比较"顽固"，所以改变不合理信念这一过程费时较多，有时还会出现反复。从根本上讲，以合理信念代替这些不合理信念绝非易事，这里面有许多具体工作要做。

3. 其他认知训练方法

除了上面论述的合理情绪疗法这种认知训练外，在体育运动中还有其他的认知训练方法，最常见的是积极的思维方式。积极的思维方式，就是要求训练者更加积极地去思考问题，而不是消极地看问题。现有一些研究表明，消极的思维方式过多，会影响人在体育运动中的表现，即降低运动成绩。因此，有必要把体育运动中练习者的消极思维减少到最小或彻底消除——可以用积极的思维方式来代替练习者头脑中的消极思维。需要指出的是，积极思维要适可而止，并不是越积极越好，应该是积极思维现实一些，即要多一些积极而又合理的思维，否则可能会产生相反的效果。

三、射击运动心理训练专用方法：模拟训练

(一) 模拟训练的内涵

平时训练中，练习者接近实战条件下进行心理训练的方法，就是模拟训练。模拟训练已经成为一些特殊行业人员 (如飞行员、消防人员和运动员等) 的训练方法，其训练效果较为理想。模拟训练的目的是使练习者在今后的实战中能够适应环境，提高对外界不良刺激的抗干扰能力，有利于将注意力集中在实战过程中。

模拟训练通常可分为实战情景模拟和言语图像模拟两大类[1]。实战情景模拟，就是在训练中，尤其是在比赛前的训练中，尽可能创设或选择与比赛条件相同或相似的情境，如气候、场地、器材、灯光、声响、观众、裁判和比赛对手等。这种模拟训练过程中可以人为地去模拟实战，也可以利用一些客观的自然条件，如各种气候和环境等，去安排模拟训练。言语图像模拟，则是利用言语描述或图像示意比赛实际情况等手段，如观看有关比赛录像和讲述比赛中可

---

[1] 李明，曹勇. 体育运动心理训练理论与实践 [M]. 武汉：中国地质大学出版社，2015.

能发生的各种事件等，使运动员在比赛前了解或想象到这些内容，逐步让他们习惯于比赛的情境。

(二) 模拟训练的要点分析

模拟训练中的模拟不是"原物的还原或重显"，而是"原物的简化"，对某些重要特征的简化描述，应在全面获取模拟对象信息的基础上，根据比赛的性质和任务来确定模拟训练的主要内容。在模拟训练时，练习者要在生理、心理和环境等方面最大限度和可能地做到与实战相似或相近，尽可能让练习者的生理负荷和心理接近于实战水平，使模拟训练逼真有效，同时对实战中可能出现的问题要有充分的准备和对付措施。

值得强调的是，在模拟训练中指导者必须引导参赛者在特定情景中调节自己的心理。例如，在有比他强的对手时，练习者一定要控制紧张情绪；在有比他弱的对手时，一定要提高情绪兴奋水平；在比分相近而又快到终场时，或者成绩不好，快接近于失败时，一定要把注意力从比赛结果转移到控制自己本身的动作上。

目前，在进行模拟训练时存在的主要问题，是模拟的情景所引起的心理负荷不够理想，也不够重视，在这些特定的情景中有效地指导参赛者调整好自己的心理状态或竞技状态。

四、正念训练对射击运动心理训练的启示

正念训练也称正念减压疗法 (mindfulness-based stress reduction, MBSR)，创始人是美国心理学家乔·卡巴金。这一训练 (疗法) 有很大的普适空间，既适用于医学 (尤其是精神障碍) 领域，也适用于工作、学习和竞技领域。为学习国际心理学的先进理论与方法，提高我国在竞技体育领域的应用运动心理的水平，我们对正念训练进行

探讨，非常必要。

多年来，进行心理指导的主要理论是合理情绪疗法（RET 技术）、心理控制点理论、成就动机理论和目标取向理论等。实践证明，上述理论确实具有理论支撑作用，有很强的生命力，对今后的心理工作仍有不可忽视的指导作用。但是，也确实有些问题令人纠结。

问题一：工作中发现，运动员在赛前和赛中总是放心不下，并由此产生成绩大起大落的是对比赛结果的担忧和恐惧。尽管人们寻找各种典型案例，通过多种途径进行说服、疏通，希望他们对比赛心理准备充分，能专心致志、心无旁骛地投入比赛，但感到对有些人（如取胜心过强者，渴望再夺奥运金牌者，失败阴影萦绕或情绪易激惹者）难以奏效，工作量大，反复性也大，甚至有理尽词穷、无计可施的感觉。

问题二：运动员通过听心理动员课，个体化的心理咨询，认真进行赛前心理准备，力劝自己"排除杂念""忘掉以往比赛的消极心理阴影""立足于比赛中积极的心理调控""不管出现什么情况，都要挺住"……但是，一进入比赛就有一些队员产生情境性紧张，难以自制。运动员遇到开局不顺、出远弹、枪支故障、环境干扰等情况就慌了手脚，自己束手无策；也有时在顺利的情况下会突然想到"今天打得太好了，怎么不像我打出来的？"情绪骤然紧张，动作马上变形，对自己无能为力。

比赛后他们又会马上清醒过来，后悔不已，感叹道："知道怎么想是对的，为什么做不到？""我为什么不能达到更高的境界？""心理学对我们要求太高，我实在难以达到！"

从问题一和问题二可见，心理工作者的干预思路是让运动员改变或摒弃消极观念，尽量使其比赛指导思想变得纯而又纯。而运动员的赛前心理准备就是要克服和消除消极想法，回避以往的消极经验或曾经历、体验的不良影响，使比赛在更高的境界中完成。出发点虽好，却过于理想化。如果我们为运动员设身处地地想一想，做到至高的境界谈何容易？我们能否找到一条更贴近现实、更合乎情理的理念与方法，去帮助或辅助他们（或与其他想法融合）走进赛场，心态平稳、放松地去完成比赛？正是在这一思路的触动下，我们与正念训练不期而遇。

（一）正念训练的认知

1. 正念的要义

正念是指通过有意地注意和对事物不做评价的方式而产生的一种觉察能力。其中，有意注意是指随时随地对事物的状态保持关注；不做评价是指关注的是事物本身的状态，而不是我们希望它应该具备的状态；觉察能力是指不通过批判性思维，不去确定哪个更优，而是通过直觉、经验性去感受事物、思维和情绪，它只是一种头脑中的存在模式。

可见，正念的关键点在于培养觉察能力。而我们要厘清觉察能力的特征，就要知道：①它跳出了批判性思维的局限性，不纠缠于对某件事件的思虑中。②不拘泥于头脑中出现的某一杂念、悬念，不去字斟句酌地再"思考"承认不完美，仅将它看作来去自如的浮云，之后比较轻松地放过它们。③学会每时每刻都活在当下。停止对过去的挑剔和对未来的恐惧，变得更加平和。④通过对自身更多的觉察，关闭头脑中的过度沉思，以帮助自己达到真正想要完成的目标。⑤拥有了觉察能力，能帮助我们在最初阶段识别出令我们情绪一落千丈的思维陷阱，并阻止自己越陷越深。

不难看出，觉察力既是"正念"的重要标志，也是"正念"主要的培养内容，而我们也能概括出正念的关键点是：①正念是有意向性的。当我们培养自己的正念时，就会觉察到更多的现实环境可选择的余地，而不会迷失在某个贪念或杂念中。②正念是经验性的。它直接指向于当前的现实经验，而不会将自己的心理活动推向于过去的记忆或想象中的未来。③正念是非评价性的。它能让我们看到事物的当前状态并维持这种真实状态，而避开判断和评价，从而避免因评价带来的和头脑中"原有标准"（如环数、成绩或名次）的比较，以及由此产生的情绪波动。

可见，正念和我们惯用的思维模式和目标行为有很大不同，所以，正念需要培养，需要系统的训练，使内心的模型发生根本性的改变。

2. 正念训练的一般思路

正念训练的基本思路就是要努力改变长时间存在的心理模式，且这些模式可能已经变为一种习惯，而不被个体所觉察。只有投入大量时间和精力，专心地、较长时间地练习才能有所改变。一般常用的是为时8周的训练计划，即正念训练认知疗法（mindfulness-based cognitive therapy，MBCT）。本书不准备详细介绍训练的全过程，只介绍其发展节点的梗概框架，具体如下：

（1）第一至四周课程

全神贯注：持续地、有质量地将注意力放在特定焦点并维持一定时间。

觉察：学会每时每刻有意识地不加任何判断地注意他们很少注意的日常生活（如葡萄干练习：拿起、观察、触摸、闻、放入口中、品尝、吞咽及吞咽后的感觉）；注意对身体的扫描（放松、平躺、身躯与床或地板接触部位的感觉，身体各部位的感觉，呼与吸的交替，紧张与放松的变化）；觉察自己如何从一个主题转移到另一个主题的心理转移。

静坐冥想：保持身体和呼吸的内观，在冥想中有意觉察呼吸，占用大脑有限的加工通道，帮助人放下过去、未来，以及可能出现的焦虑。

体验：不自觉中转向行动目标（指向现实与目标的比较）并由此产生一系列不愉快情绪，在此心理转移中体验消极想法和情绪感受，以帮助理解构成特殊情绪障碍的感觉、想法和行为之间的关系，以提高正念训练的敏感性。

（2）第5至8周课程

接受：觉察到消极想法和不良情绪体验，承认他们的存在，与当下的不愉快体验共存，通过内观呼吸放开并放松身体感觉，使之有可能在它发生时以一种非评价的方式得以解脱。

允许：改变对体验的基本思维形式，以"不想要"向开放转变，打破习惯性的反应链，并有可能目睹这一想法的消退（不较真儿），避免可怕预期的出现。

选择：选择不同方式作出最佳反应。如可以静观其变，可以呼吸调整，可以关注身体某部分的感觉，可以"站在"另一角度（上面或旁边）看待自己；善待自己，可以全神贯注采取一些有效行动（如射手可以拿出木套，放下枪，活动上肢和手，移动脚步等）。

承诺：经系统训练和经验积累，验证了存在模式的优越和价值，确信活在当下，内观呼吸、觉察自身和生活事件的效力，能增强控制感、满足感和成就感，成为我们迎难而上、化险为夷的护身符，由此帮助我们以更大的视角看待自己，采取更灵活的行动，成为履行面对困境时应对的承诺，让承诺变成决心，而且逐渐变成习惯，就能从行动模式解脱出来，进入存在模式，更好地面对令人痛苦和不舒服的处境和情绪。

3. 正念训练与合理情绪疗法的比较分析

为了对正念训练有更明确的理解，我们不妨与以往经常使用的合理情绪疗法作比较，二者都属于认知训练，都是帮助人以积极的认知方式应对困境，走向成功①。而我们比较的目的只是说明二者的不同，不为证明哪个更好。以前使用合理情绪疗法取得过积极成果，现在学习正念训练的理念与方法，能让我们多一个新思路、新方法。

由此我们得出，正念训练的核心理念是：正念、认知分离、接受、价值（和努力相关的生命中体现的价值）、承诺。正念训练综合练习的三个要点是：①关注当前手边的任务；②意识到自己的内部过程，愿意体验和觉察；③激活承诺行为。

（二）正念训练与射击运动以往实践中的契合

正念训练虽在基本思路上与以往常用的心理咨询与训练方法有很大不同，但它同样源于人的正常心理活动规律，植根于众多人士心理转化与成长的经验累积，它也汇集了认知疗法产生积极效果的诸多理论成果；因此，当我们认真学习正念训练的理念与方法时，也就自然联想到以往对运动员进行心理辅导中与它的契合之处，对此进行反思和梳理，将对今后有意识地应用正念训练方法有所裨益。

1. 对男子手枪运动员王智伟的心理咨询

王智伟是某省射击队一名年轻运动员，以往参加国内，特别是国际比赛少，比赛经验不足。2011—2012 年他最大的考验来自奥运

---

① 曹希云 . 浅析心理训练与射击运动的关系 [J]. 安徽体育科技，2012，33（05）：
62-63.

会选拔赛（2次队内选拔，1次世界杯成绩），此前他没有积分。

从选拔赛开始（奥运会之前一年）对他进行心理咨询，目标直指各次选拔赛前的心理准备，经三次选拔赛的实践，逐渐形成伦敦奥运会参赛心理的12字要点："拼搏，盯平正、自然响，原谅自己"。他在竞争激烈、气氛紧张的比赛中，全程全神贯注，发挥正常。正念训练对12字的分析如下。

拼搏：体现价值的承诺，"关注"自己，"专心"比赛，"想法"单一，走向"内观"。

盯平正、自然响：与呼吸技能紧密结合的动作核心要求，专注动作，突出觉察能力。

原谅自己：出现误差轻轻放过，在存在的认知模式中完成比赛，保持情绪稳定。

比赛过程能坚守自己预定的要求，比赛正常发挥，获得铜牌，是伦敦奥运会我国该项目的最好成绩。

2. 对速射运动员丁峰的心理辅导

丁峰是我国速射项目参赛的年轻选手，他在国家射击队训练年限较长，参加国际、国内比赛较多，比赛经验比较丰富。但速射是我国的弱项，在以往历次奥运大赛中最好成绩排名第五。丁峰本人的特点是聪明，自信心强，缺点是不愿动脑，不愿仔细写比赛方案，总想凭"灵感"发挥。伦敦奥运会前，根据张建伟教练的安排，对他进行三次以上的连续咨询。随着咨询的深入，沟通比较顺畅，他对比赛心理准备的态度有了明显改变，一改以往表面上的大大咧咧，认真思索比赛中的自我要求。他翻开以前发给他的《射击比赛心理研究与应用》一书，借用了其中的三环图，和心理教师一起明确了参赛的心理要求，具体内容如下：

（1）最初的图示（图4-1）：运动员说，速射做动作一定要放开，在把握自我的情况下，要以平常心参赛，以平和的心态打才能放开动作。

图4-1 最初的图示

（2）继续细化后的心理准备要点的图示（图4-2）：把握自我是基本要求，做到平常心参赛，重点要解决比赛结果（包括每组结果）与把握动作、完成操作任务的关系，做到知道结果仍能专心完成技术操作，认为这才是真正的价值所在，以此体现正确的价值观。

图4-2 继续细化后的心理准备要点的图示

后面细化的图示是运动员 B 在奥运会前独立完成的，我们在奥运会后与他沟通才了解到的，说明他改变了以往不愿动脑、忽视大赛前作心理准备的习惯。当他根据速射项目的特点（2.5秒内连续向

5个靶位射出5发子弹共6组；5秒内射出5发子弹共6组）和规则的改变（2.5秒决赛6组，从第3组开始每组淘汰1人，竞争激烈、残酷），进行思考，提出了立足自我、以平常心参赛的基础上，做到结果定向与操作定向结合的思路，并认为这才是最有价值的，在比赛中起到了激发"承诺"的重要作用。这说明他的自我要求符合正念训练的核心概念：正念、认知分离、接受、价值、承诺。正确的理念使他敢于直面残酷的竞争，获得了伦敦奥运会铜牌，第一次使速射项目登上了领奖台，是我国该项目的新突破。

（三）对"契合"的认识

1. 对"契合"的宏观分析

正念训练的核心是培养人的存在式认知模式（不做评价），改变一般人惯用的行动式认知模式（评价、判断、比较），这与射击比赛正常发挥的要求完全一致。从以上两个例子可知，我们是在应用成就动机理论说服运动员对比赛结果忧心忡忡、放弃想赢怕输的顾虑，应用目标取向的动机理论帮助运动员树立操作取向的目标，在应用心理控制点理论做好心理定向（控制自己、控制现在、控制运动操作）的基础上，形成射击比赛正确的指导思想，这与正念训练理念从宏观看是完全吻合的，因此，将以前的心理咨询、训练和正念训练结合使用必能产生更好的效果。

2. 技术动作要求与正念训练的一致性

正念训练的训练计划要求训练者活在当下，专心致志，正念式呼吸，对自身、生活事件和环境的觉察，跳出习惯的行动式思维的束缚，都是射击比赛发挥所必备的品质。如运动员 A 的12字要术中"盯平正、自然响"就必须将注意力完全集中于射击动作上；"盯平正"

是将视力集中在准星、觇孔、靶环的一致上，还要做到视力回收（即分配注意做到靶虚具实）；"自然响"则是通过触觉、动作感觉做到食指均匀用力，预压实，屏住呼吸，扣扳机时间把握得当，用力持续且柔和（避免猛扣和不敢扣），这里包括对注意、呼吸、感知觉（触觉、机体觉、视觉）的多方面训练，与正念训练的要求何等相近，真可以把射击训练的过程理解为广义的正念训练课程。运动员 A 坚守的六个字使他获得了成功，其中必包含"正念训练"的贡献。

3. 比赛态度与正念训练的吻合

正念训练所培养的存在式认知模式的基本要求，在运动员 A 的12 字指导思想中得到体现，还表现在"拼搏"和"原谅自己"上。"拼搏"指一进入比赛就完全投入，而不会瞻前顾后、左顾右盼；"原谅自己"则指遇到不顺利情境（出远弹、坏组次）要轻轻放过，即便出现消极想法和感受，也能坚持正确的目标行为，只把握当下，不消耗自己，在心理上给自己提供能进能出的顺畅通道，有效避免消极情绪的蔓延及事态的消极发展，说明它恰好与正念训练的要求相吻合。

4. 正念训练与射击项目结合的可能性、必要性与艰难性

两名运动员在奥运会上的正常发挥，表明正念训练的理念与以往心理咨询、心理训练的应用有相同和相通之处，且对弥补以往的工作不足有独到之处，正念训练在射击项目中的发展前景乐观。

另外，两名运动员在决赛中表现平平，没有突破（名次没有突破资格赛成绩），自述决赛时"闹心""太紧张""无法扭转局面"，说明他们在竞争达到白热化时感到心理能量不够，心理"定力"不足。如将正念训练引入，定能在认知方式上转变，在专注力和觉察力上得到提高，在价值观上得到升华。可以肯定，正念训练在射击项目中开

展势在必行。

但是，不容忽视的是开展正念训练有较大难度：一是以往我国尚无系统训练的经验可循，必有一个摸索和探究的过程；二是正念训练是将东方禅学与西方心理学的认识和实践相结合的产物，以禅修冥想和内观认知为主要训练形式，运动员不易接受；三是运动员的生活安排紧，每天以专项训练为主，体能训练时间较长，自己可支配的时间少，日复一日的训练和频繁的比赛任务，难免使他们感到疲劳。这些是进行正念训练的难度所在。

（四）今后进行正念训练的思考与反思

（1）学习领会。专业人员对正念训练的了解和信任至关重要，不但要从书本上和别人身上学习，还要亲身实践、身体力行。只有从业者对它充分信任、充满感情，才能在运动队中去实践和探索。

（2）理论讲解。只有理解的东西才能更好地感知和接受。通过专业人员的讲解使运动员打开心窍，产生跃跃欲试的欲望，使教练打开眼界，似觅到缓解射手比赛压力的又一路径。

（3）循序渐进。在教练配合、运动员自愿的情况下，从少数人开始，取得效果。

（4）耐心指导。训练的过程也是经验积累、探索创新的过程，下队时间要长，观察要细致，辅导要耐心，记录要详细，操作要具体。

（5）结合专项。射击过程需要射手的"静功"做保证，与正念训练的要求不谋而合，将正念训练贯穿于技术训练之中，"你中有我，我中有你"互相促进，互有补益。还有可能通过技术指标来检查正念训练的效果（如通过预感预报的准确性评定专注力和觉察力）。

第五章 射击运动员比赛期的心理调控

随着整个社会政治、经济、文化,尤其是医疗卫生条件与科技水平的快速发展,射击运动的精确性要求越来越高,在激烈的竞争中,胜负往往取决于零点几环的差距。然而,射击运动又是一项"动中求静、静中求稳、稳中求准"的个人运动项目,它要求射手人枪一体,身心一致,在激烈的竞争中保持平常心。因此,运动员除了在技术水平上要做到精益求精之外,还必须具备良好的心理素质,尤其要具备在紧张的比赛环境中的心理调控能力与技巧,这将成为比赛成败的又一重要因素。基于此,本章围绕射击训练中的竞技心理、射击比赛中的竞技心理、射击比赛后的心理疏导展开研究。

第一节 射击训练中的竞技心理

随着整个社会政治、经济、文化水平的不断提升,尤其是物质水平和医疗卫生条件的不断提高,运动员的身体素质有了极大的改善,其竞技水平有了明显的提升,而且成绩差距也在日益缩小。在诸多国际性射击比赛中,运动员在技术训练水平实力相当的情况下,其心理素质、个人状态往往在比赛中起着关键性的作用。研究显示:低、中级运动员心理因素对技能水平的影响占20%,生物力学的因素占80%;而优秀运动员正与此相反,心理因素的影响占80%,生物力学的因素占20%。因此，在射击训练中，除了实际操作式的技术性的训练之外，对于运动员心理素质的培养，尤其是在大型比赛中运动员对于个人心理调节能力与技巧的培养，也成为现代射击训练中的一个重要组成部分。

一、赛前的心理状态及其调整技巧

（一）赛前的各种心理状态及影响

比赛前，射击运动员的心理状态大致可以分为三种，即稳定型、不稳定型与其他。从更为细分的角度来说，射击运动员的赛前心理状态主要有六种，这些心理状态在总人数中所占比重及其所带来的成绩结果各不相同。

1. 良好的战斗准备状态

绝大多数的射击运动员曾经有过战斗准备状态的心理体验，而且他们能够在各种比赛中长久保持这种最佳的战斗准备状态，从而取得比较好的成绩，其中老队员（训练八年以上）的人数较多。根据自身的比赛经验以及与其他射击运动员的交流体会，笔者认为，这种战斗准备状态主要是指射击运动员在赛前能够拥有正确的比赛动机和良好的比赛认识。也就是说，他们不仅能够对比赛目标和比赛任务有清楚的了解，而且能够把注意力集中在比赛中的各项事务上去，头脑清醒、精力充沛。总体来说，运动员情绪饱满而稳定，具有一种舍我其谁的大战心理。这种最佳比赛状态是日常训练的结果，它可以克服各种心理障碍，从而达到良好的自我控制能力。因此，要使射击运动员在比赛中能够超常发挥或者保持平时成绩，就必须在赛前进入战斗心理准备状态。

2. 良性兴奋与振奋状态

在各种射击比赛中能够保持良性兴奋与振奋状态有助于运动员战略战术与技术的发挥，是取得较好成绩的一个重要保证。运动员处于这种状态下的具体行为表现为：大脑皮层在比赛前能够始终处于最为适宜的兴奋状态，运动员从心理上排除了一切与比赛无关的杂念，从而将集中注意力于赛前准备工作。

3. 较为紧张的心理状态

较为紧张的心理状态，这也是心理学中所说的"应激状态"，即当客观事物符合或者违背人们的某种需求时，人们所表现出来的这样或那样的紧张状态。这是大多数人在特殊情况下所面临的一种心理状态。比赛前，处于这种心理状态的射击运动员主要是一些年轻的运动员，他们时常会考虑比赛的成败与个人的得失，内心急躁紧张，情绪低落或者极为不稳定，缺乏胜利的信心，生理机能减弱，抑制加强，甚至产生不想参加比赛的念头。这种大赛前的消极心理，不仅不利于比赛中战略战术及其技巧的发挥，而且对于赛前训练也将带来一定的负面影响。由于处于这种紧张心理状态的人数较多，可能性较大，因此，射击运动员在日常训练中必须做好这方面的准备。

4. 比赛前的淡漠状态

处于这种状态的运动员人数较少，但是，从影响力的角度来说，它容易造成运动员低于日常训练的最高成绩，从而带来不利影响。在这种赛前心理状态下，运动员往往表现为态度消极、情绪低落、心理应变过程极为缓慢，不但不能及时适应周围环境的变化，而且对于现实比赛中遇到的困难也不能及时作出决定，往往采取一种消极应对的态度。射击运动员淡漠的心理状态一般是在身体状况不好、过度疲劳，或者是比赛过于密集，双方实力差距过大的情况下容易产生。比如，在赛前，运动员认为双方实力差距过大，自己没有多少获胜的把握，于是采取消极懈怠的心理，这种心理一旦产生，在较短的时间内很难改变，自始至终萦绕在脑海里，最终导致比赛失败。

5. 盲目自信的心理状态

盲目自信的心理状态，这是与淡漠相对应的一种心理反应。在这种心理状态下，运动员往往对比赛的复杂性与难度估计不足，有意识地抬高自己贬低别人，总相信能够轻易取胜或者侥幸成功。因此，从外表上看运动员经常表现得异常兴奋，获胜信心十足，认为对方不可能超越自己。但是，这些运动员如果在比赛中不能获胜或者遇到一点挫折，情绪便会一落千丈，要么束手无策，要么急躁冒进，以至于给接下来的比赛造成不利影响，形成恶性循环，最终导致失败。这种盲目自信的心理状态一般会出现在连续获胜之后，运动员的麻痹心理，从而造成赛前准备不足。

最后三种不稳定的心理状态是导致比赛失败的重要原因，尤其是在射击比赛中，赛场情况瞬息万变，运动员轻微的心理波动都会导致最后的失败。因此，认识射击运动员赛前良好状态的表现形式，并做好充分的训练准备与应对技巧，是取得射击比赛良好成绩的重要因素。

（二）赛前各种心态的形成原因

在赛前出现的诸如以上各种心态都是一种正常现象，良好的心态可能源于射击运动员天生的资质，也有可能是其日常训练的结果；而像过度紧张、淡漠的心理状态从心理学的角度来讲，也是人之常情，对于年轻运动员尤其如此。总的来说，射击运动员在赛前之所以出现如此众多的心态表现形式，主要源于以下两方面的原因：

首先，从客观角度来说，射击比赛时的场地、环境气氛、灯光、真实的竞争对手、气候条件与日常训练会有所不同，这必然会带来运动员比赛心态的变化，尤其是心理压力的加大，出现失眠、多汗等生理方面的表现。这些行为如果控制在一定范围内都属于正常现象。另外，在射击比赛过程中，各种各样的喧哗声、广播声、叫喊声等都会给运动员带来一定的心理不适感，尤其在竞争对手异常强大、比分相对落后的情况下，如果没有事先的心理准备和心理调整技巧，运动员一般都会表现出一定的紧张心理，甚至产生焦虑、不满等消极的情绪。然而，射击运动是一项极为精密并且稳定性极强的运动，轻微的心理变化都会给比赛带来重大失误，从而影响整个比赛结果。以上这种客观因素所带来的运动员心理上的变化，也必然影响到其战略战术以及技术水平的发挥。因此，射击运动员赛前良好的心理准备、心理训练与环境适应能力是必不可少的。

其次，从主观方面来说，射击运动员是经过特殊训练的普通人，他们在遇到应激事件时，也必然会产生一定的心理紧张感；或者经过连续的比赛之后，心里也会产生一种懈怠感，从而不利于比赛水平的发挥。然而，从另外一方面来说，射击运动员作为职业选手，他们不仅在比赛前接受过良好的心理训练，培养出完善的心理调节技巧，而且参加过无数的比赛，这在无形中锻炼出了他们良好的心理品质。因此，大部分射击运动员在比赛中能够表现出坚毅、沉着、稳重的最佳心理状态，这是人的主观精神力量的表现，是调节一切有利于运动员技术动作和身体素质达到最佳状态的内在因素。射击运动除了是运动员能力、技术与体力的较量过程，同时也是信心、意志力等心态品质的对抗过程。而这些良好的心理品质是可以通过日常训练、实战比赛培养出来的，运动员在比赛中能够主动支配自己的行为，把握自己的情绪，从而在比赛水平上有所突破，这也就是我们经常说的"艺高人胆大"。

二、赛前良好心态的表现形式

正如上文所说，射击运动既是属于静力性的运动项目，同时也是对精神活动和神经活动要求较高的活动项目之一。良好的赛前心理状态也是最适宜于比赛的情绪状态。具备这种心理状态的射击运动员一般都具有良好的比赛态度和比赛动机，对于比赛任务和比赛目标有明确的认识和了解，从而在整个比赛过程中形成一种稳定的情绪。国内外诸多心理学家、体育学者、运动员都对射击运动员的比赛心理进行了一定程度的研究，认为最佳竞技状态的表现主要具备以下几个方面的特点。

（1）射击运动员必须具有愉快的心情，对于比赛既兴奋，信心十足，又镇静稳重，能够清楚认识双方的实力，冷静分析形势，遇到问题，尤其是实力悬殊较大时，能够不急躁、不懈怠，想办法处理问题，在比赛的关键时刻能够头脑清晰地去争夺最后的胜利，这也就是射击运动员经常说的"动中求静，静中求稳"的心理素质。

（2）射击运动员在比赛前要始终处于身体协调、全身放松、不颤抖、感觉有力的生理状态，这是对优秀运动员外部身体形态的客观要求。自己内心即使汹涌澎湃，外部动作一定要稳健有力，这不仅是对周围教练、队友的安慰，同时也是对自己的一种安慰。我们经常听到一些射击运动员在比赛结束后说自己内心在赛前是如何复杂，而他周围的人没有感觉出来，这也是优秀运动员的一种心理调节能力。

（3）优秀的射击运动员在比赛前后能够始终保持自信的心态，相信自己一定能够正常发挥，不会因为实力悬殊而妄自菲薄，产生紧张和懈怠的心理，更不会妄自尊大。

（4）射击运动员在赛前一定要精力充沛，不仅睡眠充足、食欲正常，而且行为有序、生活规律，在赛前准备过程中能够动作协调，轻松自如。

（5）射击运动是对射击目标的一种精确把握，失之毫厘则差之千里，在零点几环就能够决定胜败的情况下，这样的失误往往会带来毁灭性的失败。因此，射击运动员在赛前一定要有目的地集中注意力并且能合理分配自己的注意力，排除一切与比赛无关的杂念，全身心地投入到比赛中去。

事实上，射击运动员以上诸多最佳的比赛心理状态既是长期训练和经验积累的结果，同时也是运动员人格魅力的体现。他们具有坚强的意志力和坚定的信心，对于比赛具备一定的责任感，能够在日常训练中严格要求自己，及时克服各种心理障碍，从而达到赛前的最佳比赛状态。

三、射击运动员营造良好心态的建议

正如上文所说，射击运动员良好心态的营造是多方面因素共同作用的结果，既涉及心理调整技巧、经验积累等，同时也涉及赛前各项准备工作的完成进度等。因此，这一部分就射击运动员营造良好心态的各种技巧、方式与方法等进行简要论述，为射击运动员的日常训练活动提供一定的指导和借鉴方法。

（一）做好前期准备工作

赛前准备工作是任何一项竞技活动都必不可少的内容。它既是比赛能够顺利进行的保证，同时也是为运动员营造良好心理状态的重要手段。射击运动的赛前准备工作大致包括技术准备、心理准备、策略准备三个方面。

1. 技术准备

任何射击动作都是由据枪、瞄准和击发这三大技术组成，这也是对射击运动员基本功的要求。而射击比赛项目繁多，内容各异，诸如男子50米手枪慢射、男子25米手枪慢射、女子25米运动手枪等，其技术要求也各不相同，因此，赛前的准备工作具有较大的差异性。比如，公安射击比赛中，50米精确射击占有极为重要的地位。它要求运动员在50米距离内不仅能够击中目标，而且还要具有较好的环数，射手经过长期的训练，往往拉不开环数档次，许多人以细微的优势战胜对手。因此，这就对射击运动员的技术条件提出了更高的要求，他们必须在比赛前通过"据枪两分钟后再击发"的训练以及端砖块、码弹壳等方式提高手臂的稳定性，同时还要做空枪练习、扣扳机动作和对平正准星缺口的适应性练习等，以体会手感。除此之外，射击运动员的技术准备工作还包括快掏枪、瞄准与击发、更换弹匣、跪姿以及针对弱手设计的训练准备等，从而在比赛过程中能够快速进入状态。另外，射击运动员在着装上也要经过细心准备，尤其是在一些对射手服装要求较严的射击项目中，更要提前准备，比如射击运动员在参加步枪项目时，必须根据国际射联的规定，穿正规的射击上衣、射击手套、射击裤、射击鞋、射击皮带等，入场前要进行检查，保证服装符合标准。细心的准备既是射击比赛能够顺利进行的保证，同时也可以使运动员以更加舒适、更加顺畅的心理参加比赛。再就是运动员要明确比赛规则要点，因为射击比赛的规则会因为项目、射击位置、射程、子弹数量、射击时间、靶位和枪的种类不同而有所不同，甚至在很多情况下，如果射击运动员成绩相同的情况下，评委也会采用专门规则来决定胜负。因此，射击运动在赛前对于比赛规则的细心准备既是比赛取胜的重要保证，同时也是增加自信心的一个重要渠道。可想而知，在比赛过程中如果出现规则性的错误，必定会给运动员的心理带来较大的压力，甚至影响情绪的稳定性，在接下来的比赛中产生一定的阴影，从而影响技术水平的发挥。因此，对于比赛规则的前期准备也是运动员赛前的一项重要任务。

2. 心理准备

正如上文所说，心理状态对于射击运动员的参赛表现和比赛成绩具有重要意义。比赛时由于某一个小的挫折，比如观众的嘘嘘声、对手稍微领先、教练不时的督促、射击失误、枪械故障等，都有可能引起运动员的心理一时控制不当，从而使平时的刻苦训练、艰难准备与努力等付之东流。因此，我们可以从两个方面进行赛前的心理准备工作，一是掌握适当的心理调节技巧，使自己在赛前和赛中始终保持良好的心理态度。另外，就是对于比赛过程中预计可能产生的问题进行准备，做到临危不乱。事实上，比赛过程中会有各种各样的问题出现，这就要求运动员提前做好心理准备，这些问题在平时训练中可能已经出现过。所以，射击运动员要对日常训练中容易出现的问题进行细心总结，比如，射击过程中紧张怎么办？射击不顺利怎么办？射击顺利了又该怎么办？我要拿什么样的心态去面对？在比赛过程中出现的远弹控制不住怎么办等。我们只有在赛前充分做好心理准备并制定出详细的应对方案，才能在遇到问题时泰然自若，从而加以处理。

3. 策略准备

所谓射击比赛前的策略准备工作，也就是围绕运动员能够顺便打好比赛而做的各种预案，比如赛前的枪弹准备、生活准备等。众所周知，射击运动中枪弹的精确程度不仅直接影响运动员水平的发挥，而且运动员对于新的器械都有一个适应的过程，尤其在大型比赛中，如果枪械出现问题，不仅影响他们的比赛心理，而且从内心也会对新的器械产生抵触情绪，从而影响到最终结果。在诸多比赛中都出现过因为枪弹器械而影响比赛分数的情况。

我国女子手枪教练许海峰在为27届奥运会做枪械准备时，为了防止枪支出现故障，他专门带了三支备用枪械，不仅每支枪的易损件都有备份，而且还进行了充分的实弹检验，而且在子弹准备上也是一再挑选，确保准确无误。最终在27届奥运会上一举夺魁。这种在赛前准备方面的细心程度确实值得我们学习和深思。另外，射击运动员除了消耗大量的精力之外，还会消耗大量的体能，这是完成射击比赛的基础。因此，赛前的体能训练与培养也是必须考虑的一个重要因素。一般来说，射击比赛前的体能训练大都以中小运动量为主，避免强烈运动所带来的身体损伤和体能的过度消耗，从而给比赛带来不利影响。因此，射击运动的赛前训练一般以跳绳、慢跑等非对抗性的活动为主，为实际射击比赛打下良好的基础，另外，在很多情况下，射击运动员的日常生活习惯在实际比赛过程中都要有所改变。比如，运动员为了下午和晚上能够精力充沛，一般都会有午休的习惯，而许多全国和国际性的射击比赛时间安排在13：30至14：00之间，这恰恰是运动员午休的时间。人们的习惯是在日常生活中养成的，一般很难改变，比赛时间与午休时间发生冲突，这就意味着我们必须根据比赛时间来调整生物钟，慢慢适应比赛的节奏。这是一个长期的过程，在大赛之前，运动员一定要考虑到这方面的问题，提前做好准备，保证在比赛过程中能够达到最佳状态。

这也就是我们经常所说的"凡事预则立，不预则废"的道理。

（二）进行适当的赛前信息回避

心理对抗能力的强弱是射击比赛成败的一个重要因素，在比赛前后有目的、有针对性地进行信息回避是射击运动员正常发挥技术水平的一个重要保证。一般来说，在射击比赛前，射手应当对以下信息进行回避：记者的采访、媒体关于比赛信息和对手信息的报道、亲戚朋友的电话、与其他闲杂人员的交流等，尤其是记者的采访，往往会给运动员造成极大的心理压力，比如记者经常会问："你对这场比赛的信心如何，能否拿金牌，对竞争对手如何评价以及竞争对手说了什么样的话"，等等。对于这些提问，运动员应以极简洁的形式进行回答，并迅速忘却采访过程，从而最大限度地减少负面信息的影响，达到信息回避的目的。另外，射击比赛过程中的信息回避显得更为重要。在射击比赛中，毕竟每场要完成60发子弹的记分射击（不包括决赛），每一发子弹射击完成之后，都会进行环数播报，这中间涉及与其他运动员的比较过程，因此，这将直接影响射击运动员下一场比赛时的心理状态。比如，他会考虑到我的这种姿势动作会不会不规范，从而影响了射击成绩，为此，反复做出调整，这种调整不是基于自身的感受和对比赛的体会，而是受外部因素的影响而做出的，这也是造成心态不稳定的一个重要因素。比如，在气手枪项目和男子手枪慢射项目的比赛中，部分运动员子弹的发数、排名算得很清楚，这极大地分散了其比赛的注意力。因此，射击运动员在环数播报的过程中，既要塞紧耳塞，同时还要低声吟诵自己的动作要领和比赛中应当注意的细节。打完一项比赛之后，运动员要迅速投入到下一项比赛中去，对已经打完的比赛"不闻、不问、不看"，自觉回避这些干扰性的信息，从而达到回避干扰信息的目的。

事实上，比赛中的信息回避是运动员无意识的行为，他不可能在短时间内就具备这种心理素质，如果强行改变自己的比赛习惯，回避比赛信息，反而容易分散其注意力。因此，射击运动员在日常训练中就要培养这种良好的习惯，从一开始就做到：管好自己的眼睛，进入射击地线，眼随枪走，不要四处张望；管好自己的耳朵，先塞紧耳塞，再进行训练；管好自己的嘴巴，训练时不要与其他人交流，从而养成良好的习惯。

（三）技术训练与心理训练的结合

在大部分射击比赛之前，教练往往以技术训练为主，认为对射击技术的熟练运用与掌握是比赛取胜的关键所在。很多人也认识到心理训练，尤其是对运动员心理障碍的疏通是非常重要的，但是由于缺乏系统的训练方法，而且与技术训练相比，效果又不是那么直接和明显，于是对心理训练和心理障碍疏通没有引起重视。多年以来，在赛前训练中都是以技术为主，坚持每天四小时以上的射击训练，从而保证技术训练的系统性与延续性。然而，这样的训练方式所带来的效果并不是很好。比如非常典型的一个例子就是吉林射击队于 2001 年 10 月在广州参加第 9 届全运会大败而归。他们提前二十多天到达广州，适应比赛环境，为了突出射击技术的重要性，他们不仅每天下午安排射击训练，而且实弹量也不断增加，一个运动员每天甚至要射击两百至三百发子弹。在这种高强度的训练体系下，加上运动员较高的紧迫感和责任感，他们的技术水平有了快速的提升，部分队员甚至打破了自己最好的比赛纪录。但是，比赛的结果出人意料，有三名队员同时参加女子步枪射击项目，开始还比较顺利，但到后来，她们几乎没有发挥出自己应有的水平。后来，不少教练和队员分析原因后一致认为：赛前运动员的心理障碍没有得到有效解决，尤其是运动员想打好、怕打坏的心理障碍没有得到及时疏通；而且赛前技术训练强度过大，营造出大赛将近的紧张氛围，从而极大地增加了队员的心理压力。这也可能就是我们参加体育比赛时经常遇到的一个问题，即为什么我们非常看好的队员不能取得理想的成绩，而恰恰不被看好的选手能够脱颖而出，一举夺魁，这种"黑马"在历届比赛中都能看到，环境氛围给予的无形压力想必是造成这种现象的一个重要原因。因此，要想让运动员在射击比赛中取得良好的成绩，就必须在赛前两到三个星期内，将技术训练与心理疏通协调起来，甚至是偏向于心理疏通，缓解运动员的心理压力。

比赛并不是每天都有的，尤其是一些大型比赛在运动员的职业生涯中往往起着至关重要的作用。因此，如何在特定的时间、地点，使射击运动员达到最佳状态，打出应有的水平，是多方面因素共同作用的结果，这需要我们从各个角度进行深入探讨。

第二节　射击比赛中的竞技心理

不同于前期的训练，正式射击比赛开始以后，比赛的目的与环境都发生了很大的改变。正式比赛时，射击地线上有裁判员，现场还有对手、教练、大量的观众以及亲朋好友等，运动员的所有举动都会被无处不在的摄像头所记录，比赛的环境较平时训练环境发生了巨大变化，再加上赛前集训时，运动员所处的环境是封闭的，回避各种信息，氛围轻松，干扰因素少。正式赛场多种因素导致气氛紧张，这无疑会增加运动员的压力。这样的气氛下，即使是多次参赛的老运动员仍然会紧张，导致比赛结果受到影响，除非某些选手初生牛犊不怕虎或者选手自身产生了消极、松懈和冷漠的心理。所以，为了使射击运动员在正式比赛时正常发挥训练水平，顺利完成射击比赛，运动员首先需要进行赛前心理训练，除此之外，应充分认识影响比赛成绩的不同因素、选手的心理状况以及如何调节等。

一、射击比赛中易出现的不良心理状态

运动员仅仅具备赛前训练还是不够的，他们还必须明白比赛中的各种心理状态表现及其调整方式。总的来说，射击运动员在赛场上主要有以下几种心理变化特征。

(一) 呼吸急促、心跳加快、身体各部分肌肉不协调

人的大脑对客观事物的反映表现为心理、大脑受到外界的刺激以后，脑部神经产生冲动形成反映结果。俄罗斯著名生理学家巴普洛夫在反射学中指出，如果人的大脑受到外界的刺激，人体会发生各种不同的或者异于常态的变化。某些特殊环境中，人们正常的心理应激状态可表现为呼吸短促、心跳过快、肢体各个部分的肌肉不能协调发力，比赛时的气氛较赛前训练更为紧张，因此运动员会出现更明显和剧烈的应激反应。出现这种心理状态时，射击运动员手臂、心理的稳定程度就会受到影响，晃动大，整体协调性不稳，无法寻找出一定的规律性。在这种状况下，运动员就会感觉难以控制肌肉的协调用力，经常出现一些习惯性的动作，比如眨眼、手抖、静不下来等，他的内心就会有微小的心虚表现，认为自己的状态不好，担心子弹打不到目标等，这种反复的心理暗示与赛前的心理引导技巧恰恰相反，因此，容易给射击运动员的比赛带来极坏的影响。在很多情况下，我们完成了一件重要的事情之后，大都会觉得一身轻松，如释重负，事实上，这些事情并不需要多大的体力，仅仅是心理的原因给我们带来太大的负担，从而影响到生理上的感受与表现。射击运动员需要"动作求稳、闹中求静"，这就更加大了其心理负担，

带来呼吸急促、心跳加快、各部分肌肉用力不协调的表现。在赛场上，我们时常会看到部分射击运动员在即将射击时停下来，请求暂停，喝点儿水，深呼吸一下等，目的就是为了缓解这种不安的情绪。

（二）注意力不集中，心理定向反复变化，感觉意识模糊

射击运动员进入赛场之后，必定会紧张，这是一种正常现象。如果控制在一定范围之内，它便可以激发运动员的斗志，使其集中注意力，快速进入比赛状态。但是，如果这种紧张状态超出一定的可控范围，使射击运动员在生理上表现出呼吸急促、心跳加快、身体各部分肌肉用力不协调的时候，其大脑皮层的兴奋中心就会发生改变，从而把注意力过多地集中在比赛射击运动之外的事件、目标对象、周围环境上，比如很多运动员进入射击台位之后，总会在脑海中浮现出以前的某件事情或者某个人，挥之不去；他们或者会把注意力集中在周围其他运动员、观众、枪声、枪的后座力上，致使注意力无法集中，心理定向也就在无意识中发生了细微的变化，最终导致运动员自我判断失误。

比如，在正常射击比赛状态下，运动员应该集中注意力，全神贯注地看枪头上的准星缺口是否平正，与靶位是否一致等。从射击技术的角度来说，正确的瞄准方法应该是准星缺口必须清晰，而瞄准的靶位目标相对模糊，因为枪械准星缺口的误差要远远大于瞄准的靶位目标的偏差，这种偏差甚至达到几倍到几十倍。在枪体、手臂晃动较小的情况下，食指根据目测的精确度单独用力，完成子弹的射击。这种情况下，击中目标并产生较高环数的概率最大，这也是最完整的射击动作。然而，如果出现上文所说的呼吸急促、心跳加快、身体各部分肌肉用力不协调的生理表现时，就会导致运动员思维和心理上的波动，产生心虚的表现，关注射击比赛之外的其他

事物。射击运动员这种注意力不集中的表现，使其不能看清枪头准星缺口的平整关系，很多情况下把目标靶位对象看得很清楚。周围的枪声很大，致使其射击动作不能协调一致，在听到射击口令之后运动员由于紧张，而突然扣动扳机，这样的射击效果肯定不好。很多射手在完成射击之后，没有听到环数信息就摇头、叹气，表现出失败或者不自信的行为，可能主要源于注意力不集中。

（三）运动员反应迟钝，瞄准时间长，动作不协调

人的各种心理活动都是由周围客观事物引起的，某些心理行为表现得非常奇异，似乎与周围事物毫无瓜葛，事实上，它也能在现实环境中找到原因。从射击比赛的角度来说，运动员的心理活动是大脑机能的反应，它是人的主观意识与周围环境刺激共同作用的结果。也就是说，运动员的主观意识是想集中注意力到比赛活动中去，从而取得优异的成绩。然而，由于外在环境的刺激，这种主观意识必定会受到干扰。在这种情况下，如果运动员主观意识非常强烈的话，他就可以排除干扰，顺利地完成比赛；如果运动员受外部干扰力较大的话，其大脑皮层内的兴奋中心就会从一个刺激物转向另一个刺激物。比如，本来应该是集中注意力、瞄准、射击之类的技术性的动作，而转向其他的安全性、分数、枪声、后座力、观众等，从而造成注意力的分散。在主观意识的推动作用下射击时，运动员的大脑就会反应迟钝，动作不协调，对于准星与靶位之间的平行关系把握不准确等，失去了瞄准的确定性和自身的自信心，赛场上就会普遍出现拖延瞄准时间、错过击发时机、勉强完成射击动作等，从而造成突然扣动扳机的现象，这样的射击结果可想而知，必定不能如人所愿。较差的心理素质带来的是射击行为的一系列恶性循环，最终导致整个比赛的失败。

因此，射击比赛过程中的心理调整技巧也是非常重要的，要针对比赛过程中的现场环境进行系统的训练与培训。

二、射击比赛中出现各种不良心理状态的原因

由于特殊的环境，射击运动员容易产生各种各样的心理状态，比如呼吸急促，心跳加快，身体各部分肌肉不协调；注意力不集中，心理定向反复变化，感觉意识模糊，运动员反应迟钝，瞄准时间长，动作不协调等，这些心理反应都属于特殊情境下正常的心理应激状态。但是射击运动员特殊的职业决定了他们必须清楚这些心理状态产生的原因，并采取有效措施加以解决，这样才能在射击赛场上取得理想的成绩。

（一）害怕心理

害怕心理是一种在特殊情境下自我保全的心理反应，甚至是人生存的本能反应。这种心理反应会通过生理行为表现出来，比如急躁、坐卧不安；惊慌，伴随着短暂的抽搐；防御性反射错觉以及无法摆脱的烦恼等。这种心理状态在射击运动中的反应主要是对理论知识、器械性能缺乏深入的了解或者对竞争对手自信的特征所影响等，因此，在射击赛场上，他们往往对自己的实际操作持怀疑态度。然而，由于有夺冠、任务、指标等硬件条件的压力，他们内心不自觉地会产生一种害怕心理，怕失误、怕失败等。在比赛前的试射环节，射手的各种感觉器官形成防御性的条件反射，比如，担心子弹炸膛、武器后座力、各种声光刺激以及比赛场地设备的复杂性、比赛过程的艰巨性等。这种无意识的害怕心理，会对射手产生一定的引导作用，使他们专心致志地去跟踪并寻找各种可能性的"危险"，甚至是从未遇到过的"危险"，带有杞人忧天的心理。他们无意识地把这种

危险进行放大，于是从思想和行为上采取权宜之计，从某种程度上来说，也就是采取防御性的心理或行动，最终使自身的思维水平降低，感知范围缩小，射击的精确性和协调性都会不自觉地丧失。这种由"害怕"而引起的心理反应在年轻选手中比较常见，由于缺乏参赛经验，导致他们在赛前没有这方面的自我调节的暗示与准备，而参赛经验比较丰富的老选手在这方面做得比较好。

(二) 缺乏自信心

自信心是人的意志能力强弱的重要表现，具备坚强意志力的人必定会充满信心，认为自己一定能够克服各种艰难困苦，完成任务。即使在挫折面前，他也会看到光明，为自己寻找战胜竞争对手的各种条件。而缺乏自信心是意志力方面不良的心理表现，是对自身技术、经验、能力等各方面估计不足，认为无法完成某项任务所表现出来的一种心理反应。从射击比赛的角度来说，缺乏足够自信心的运动员往往表现为怕失败、怕挫折、怕承担后果以及怕承担责任等。在正式的射击比赛过程中，他们往往表现为：总感觉自己哪方面准备不足，对于可能取得的成绩没有把握，缺乏必胜的信念；射击比赛开始后，如果成绩稍微不理想，就会产生急躁、失望、挫败、懈怠，甚至是带有"破罐子破摔"的消极心理，缺乏分析问题、解决问题并尽最大努力"孤注一掷"地完成比赛的意识。在比赛过程中，运动员往往会强调困难因素，看到比赛中不利的一面，尤其在射击开始后，优柔寡断，缺乏坚定性等。从心理学的角度来说，射击运动员的这些心理现象都属于意志力薄弱的表现，这也是其在比赛过程中产生各种不利的心理状态的一个重要原因。

（三）射击运动员在比赛中重复受挫

运动员在比赛中重复受挫也会给其心理、生理等各个方面造成一系列不利影响。即使意志力再坚强、心理调节能力再好的运动员，在面临每次射击均不理想或不顺利的情况下，而又无法找到失败的根本原因或者有效的解决方法时，他们也会加重思想包袱，对自己的技术、经验、能力与实力产生怀疑，从而产生了动摇的心理。这是大多数运动员在比赛中有可能遇到的状态不佳的问题，关键还是要看自己的快速调节与适应能力，以及怎样去看待这些失败。以正确的心态去面对这些问题，临危不乱，总会找到解决问题的方法[①]。比如在1998年曼谷亚运会上，赛前信心十足的中国射击队在第一天比赛中，由于开局遇到一系列的挫折，致使队员信心尽失，在接下来的比赛中，技术发挥受到极大影响，原本可以"四取其三"的金牌计划却全部落入他人之手。而在2000年的悉尼奥运会上，我国射击运动员蔡亚林在开局时也遭遇到一系列的挫折，在大家都觉得大势已去的时候，他却凭借着自己稳定的心理素质，一步一步走向领奖台。这些都是在面对一系列挫折的时候，不同的心态所带来的不同的比赛结果。

（四）射击运动员偶尔性的怯场

部分运动员在面对复杂环境时，偶尔会表现出一种极为特殊的怯场现象。也就是说，由于赛场环境、条件、气氛、场合等引起的不同程度的胆怯心理和生理反应，这也将对射击比赛中运动员的心理状态产生重要影响。从心理学的角度来说，怯场主要是与人的性格、气质、神经等要素密切相关，它的产生主要分为先天和后天两大类。

---

① 焦怡.射击运动员比赛期的自我心理调控分析 [D].郑州：河南大学，2012.

先天的怯场反应是由于人的某种机能缺陷引起的，我经常会听到某某说自己从小就无法在人多的场合演唱、表演、演讲等，这是先天怯场的反应；后天的怯场反应则是由人的神经中枢在某种特殊的刺激性环境中引起的，比如在紧张情绪状态下，人的大脑皮层中形成了优势兴奋中心，从而使保持记忆中枢的内容处于被抑制的状态，具体的表现是回忆不起熟悉的知识或者习惯性的动作，也就是我们通常所说的一紧张就忘了自己要干什么了。

就射击比赛来说，运动员可能会由于怯场，而忘了某些细节性的技术要领或者自己总结的比赛技巧，从而造成紧张、空虚的心理表现。要想克服这种怯场行为，运动员一方面要多参加一些实战性的训练，积累丰富的赛场经验；另一方面要做好充分的赛前准备，反复训练比赛技巧和心理调节方式，从而保证自己在比赛中短暂地怯场之后，能够快速进入状态，使射击水平能够得到有效发挥。

(五) 射击运动员受任务、指标与成绩所累

任何一项体育比赛，运动员都是抱着一定的参赛目标和参赛任务而去的，都想有所突破，从而取得良好的成绩，获得一定的奖项。如果这些目标和任务设置合理，在运动员能力与心理承受范围之内的话，将对他们起到极大的鼓舞与激励作用。但是，如果射击运动员受任务、指标和比赛成绩所累的话，这将造成认识方面的不良心理表现。比如在射击过程中，运动员会过多考虑个人成败得失和比赛荣誉，非常看重每次射击后的环数和排名，稍有不如意时，他们可能就会产生极大的压力，情绪紧张，非常不利于射击水平的发挥。造成运动员受比赛成绩所累的原因，除了个人因素的影响之外，还受到教练方法不当的影响，比如规定过高的比赛目标，反复强调这场比赛的重要性，强调运动员要正常发挥射击水平以及采用不规范

的奖惩手段等。这在无形之中便给射手施加了过多的压力，使他们不能全身心地投入比赛中去。

三、射击赛场上的自我心理调控方法

在射击比赛时进行自我心理调控，通常是基于运动心理学原理并以此干预运动员多方面的心理活动，对于真实比赛过程中运动员可能产生的心理压力，我们可以运用多种方法和技巧增强运动员的信心和抗干扰的能力。实际比赛时，运动员常用的自我心理调控方法有：

（一）腹部松弛

运动员到达射击比赛的场地后，压力最大、精神最紧绷时是在射击开始之前和最后几发子弹发射的时候。开局顺利时，运动员的精神会因此而振奋，顺利赢得比赛。遇到开局不好时，加上其他选手的顺利发挥会影响射手的自信心，其开始表现为急躁，甚至质疑自己的专业技术和职业经验等。到了比赛尾声剩余几发子弹的时候，运动员通常会产生两种心理状态，如果前半程比赛表现不好同时排名落后，那么运动员会出现松懈心理，盼望比赛尽快结束，觉得最后几发子弹的成绩并不重要了。如果前半程比赛发挥很好时，运动员则会害怕最后几发子弹发挥失常，出现失误。

运动员处于异于平时的压力和焦虑状态下会出现呼吸短促的症状，其特点是以胸式呼吸为主，运动员会出现心跳加速、胸部起伏变大和虚汗多的症状，胸腔的迷走神经受到刺激后，则会出现更为严重的焦虑反应。遇到这样的情况时，运动员可以调整呼吸方式，采用腹式呼吸，身体保持射击准备姿势，头部依靠枪体，双眼可以微微闭上，使全身放松下来，有意识地调整放缓呼吸节奏，重复3~5

次。在缓慢的、深层次的腹式呼吸节奏下，运动员可以简要回忆一下射击技术要领，在舒缓身体的紧张程度后，运动员的焦虑可以适当减少，自信心得到提升，射击命中的概率因此而提升。

(二) 意念控制

在射击比赛过程中，运动员会利用意念训练法现场进行心理调节，利用自身的意念影响自己的心理和行为，从而在大脑皮层建立主观意念的神经联系，当大脑对一件事物做到全神贯注时，可以实现最终的自我预期控制。例如，射击比赛时，一次简单的射击过程，运动员需要完成三个基本动作：据枪、瞄准和击发。运动员的注意力需要分配到三个动作上，关注据枪的稳定、瞄准的准确以及射击瞬间的协调性和力道。所以，运动员在射击的整个过程中，其意念活动状态会形成完整的动态系统。

实际上，这种意念控制行动在射击的过程中仅仅是理想状态的动态系统，实际射击比赛时，还会有很多干扰因素会对运动员的思想产生影响，所以，这需要运动员加强主体意念活动，从而扫除不利因素的影响。例如，日常训练过程中，教练会帮助运动员扫除射击过程中的杂念，为了使运动员全神贯注，避免不利因素的影响，教练会说，紧张没有任何用处，放松心态，放松心理，把手枪当成自己身体的一部分，通过长时间的训练，相信你可以任意地操纵手枪，比赛时和平时训练一样，做到弹无虚发。参加射击比赛时，运动员经常会利用意念对紧张情绪进行调节，例如，心中默念射击的全部程序或者重要的细节动作要领，这样做可以强化运动员对重要动作的意念，射击的时候，当全部的注意力集中在正确的射击技术要领上，运动员习惯性的动作可以领会关键技术要领，完成了关键的技术要领会使射击动作娴熟。运动员全神贯注的射击过程最终实现人枪合一，形神一体。此外，与舒适的环境相比，当比赛氛围紧张、观众人数多、现场环境喧闹、天气状况恶劣时，射击运动员的意念行为会收获更明显的控制效果，因为不良的环境干扰因素众多，运动员较难进行自我放松，尤其是参加重要的射击比赛时，运动员的心理压力会更大。运动员通过强烈的意念活动调控心理和行为，全神贯注于射击动作的技术要领，这个时候，运动员可以通过凝视远方的花草树木、深呼吸，或者闭目进行一次表象的训练，释放自己必定成功的信号，坚定获胜的信念，维持大脑皮层系统中射击意念活动的主导作用，运动员在忘我和置身物外的状态下，最终可以达到自我放松。

(三) 心理暗示调节法

心理暗示作为非常重要的调节方式在运动员压力增加、情绪紧张和缺乏信心的时候效果显著。总体上看，射击比赛中常常用到的心理调节方式有两类，即直接暗示和间接暗示。

直接暗示是指，在射击时，运动员借助富有技巧性或者提醒性的语言引导和暗示自己。例如，进行射击比赛的运动员感觉肌肉僵硬、反应迟缓、两手发抖、无法顺利完成射击基本动作时，需要对自己进行直接的语言暗示："和平时训练保持一致，集中注意力关注准心的平正关系，确保精确；食指要做到均匀地压紧，其他的手指保证力度不变，射击的时候确保枪体的稳定；留意控制好腕部的力量等。"基于规范性的技术要领，运动员对自己的动作进行调整，不仅缓解了自身产生的负面感觉和意识，还有助于水平的良好发挥，从而顺利完成射击比赛。这就是射击运动员利用直接心理暗示的过程。运动员要想利用好直接心理暗示的方法，就需要在日常训练时勤加练习，不断巩固射击技术要领，同时运用简洁的语言将它们牢记于心。

与此同时，注意总结射击训练时自身的心得感受并以文字记录下来，例如"食指独自发力，均衡加力，正直向后扣动扳机""平正准星，边瞄边扣，边晃边扣""枪面需平，扣落第一道火，压实第二道火"以及"无论枪什么时候响，紧盯平正关系，维持住手臂力量，直接扣响扳机"等。通过这些直接的心理暗示方式，运动员在比赛时可以提升自信，摆脱紧张情绪；保持射击技术的规范和精准，获得优秀的成绩。

间接暗示，也就是射击运动员利用简短的、正面的、积极的、肯定的语言反复提醒自己，从而产生一种心理影响，不假思索地接受某种观念和思想。射击运动中，运动员常常采用这种方式来增加自信心，稳定情绪，建立正确的射击动作概念，防止错误事件的发生，同时也可以排除紧张感，促进运动员技术水平的发挥。比如，在运动场上试射的时候，射手可以根据自己现场的心理状态或者技术弱点，有针对性地说些鼓励的话。例如，针对射击场上由紧张情绪引起的腿软、心慌、虚汗不断、意念杂乱等现象，运动员可以暗自鼓励自己："我不紧张，我很放松，可能大家现在都这样，我平时训练这么好，一定会提前进入比赛状态。"也可以从生理方面调节心理，比如，他可以对自己说："头部放松、肩部放松、腰部放松……"这种间接的自我暗示是我们最常用的，甚至是习惯性提高自信心的技巧，它不需要过多的训练就可以使用。

（四）超前进位的心理调节方法

在射击比赛过程中，大部分射手的心理压力主要受环境气氛、心理素质、比赛逆境三个因素的影响，尤其是在比赛过程中遇到挫折的时候，射手的心理压力较大。但是，还有一部分射手恰恰与此相反，在状态处于低谷的时候，他们能够沉着应战，镇定自若地将自己调整到最佳状态。而当他们发挥出色的时候，尤其是在比赛中处于领先地位的时候，他们的心理压力却随之而来，预感自己最佳状态保持的时间可能并不长，而竞争对手的成绩又是如此靠近，因此，这种不良心理暗示将直接影响最终的比赛成绩。比如，2011年在韩国举行的射击世界杯中，挪威小将布雷哈以1177环的成绩排名第一与其他七名选手挺进决赛。决赛中，布雷哈开局后一直保持领先地位，众人都非常看好她的状态，认为夺冠只是时间问题。然而，布雷哈最后三枪发生了严重失误，第三枪打出8.8环，最后一枪更是不可思议地以7.0环收官，结果排名一降再降，最终仅以1271.9环的成绩获得季军。这种现象出现的原因主要是运动员对超出常规成绩的心理接受能力远远赶不上成绩提高的速度，也就是我们经常说的大赛经验不丰富，成绩可能忽高忽低。而超前进位的心理调节方式正可以解决这种心理障碍，也就是运动员要提高对自身技术的肯定程度，做好冷静对待超常发挥的心理意识。这种心理调节技巧应用的是哲学里的辩证唯物主义观念，即主观意识反作用于客观意识的原理，要求射击运动员在提高自身射击技术水平的基础上，将心理的认可程度提升到与之相对应的高度。

射击运动员赛前追求完美的想法很强烈，同时对训练中脱靶的印象又很深刻，因而产生疑惑，降低自信心。在这种情况下，比赛过程中，当某些因素给运动员带来大大小小问题的时候，运动员的思维开始变得活跃起来，或是有利于比赛的积极思维或是不利于比赛的消极思维。这些都打破了射手正常的动作系统，因此，运动员要么减弱并消除这种活跃的思维和强烈的意识状态，要么练就在这种活跃的思维和强烈的意识状态下的流畅动作，也就是说，射击运动员要想在射击赛场上，针对各种复杂的应激性的心理状态取得良好的成绩，除了采用各种心理调节技巧之外，还可以通过将射击运动的动作系统训练到在无意识状态下也能够娴熟运作的程度，从而提高射击效果。

四、与射击运动员心理相关的生理行为建议

以上诸多内容分析的都是射击运动员在比赛过程中容易出现的各种不良心理表现形式、产生的原因以及应对技巧等。事实上，射手良好的心态最终还是要通过各种生理行为表现出来，运动员只有将心理调节技巧与生理表现协调搭配才能有条不紊地进行各种射击动作，从而取得良好的成绩。总的来说，我们可以从以下三个方面来浅析与射击运动员心理相关的生理行为动作：

（一）运动员的呼吸要与射击实现完美协调

众所周知，射击运动是一项精度要求极高的项目，胜负往往取决于零点几环的差距。运动员要想在精度上达到极限，就必须以正确的方法去控制所有的动作系统。然而，如何才能将各个动作过程流畅地结合起来，实现精确射击的目标呢？运动员的呼吸在其中起着至关重要的作用。

呼吸是指向机体提供氧气的过程，在人体运动中具有极强的节奏感，尤其是在某种激动、紧张、生气的心理状态下，这种节奏感体现得尤为明显。比如，人体的呼吸能够引起胸、肩、腹等部位的起伏运动，从而影响射击运动员瞄准与射击时的动作。因此，在射击运动中，运动员只有将自己的呼吸节奏与不同的射击项目中相对应的射击节奏完美地协调起来，在从瞄准到最终射击的数秒内停止呼吸，才能保证射击的精确性。

为了使运动员在射击过程中能够将呼吸节奏与射击情况更好地协调起来，运动员可以进行以下呼吸练习：首先就是肺活量的练习，

运动员可以在没有任何紧张的情况下，每间隔 30 秒做一次深呼吸，连续做 10 分钟。然后，在紧张的情况下，再做同样的深呼吸练习，比如他可以做一些肺活量较大的运动，跑步、游泳、自行车等，然后进行呼吸练习。这种剧烈运动不仅可以加大运动员的肺活量，而且还有助于提高其身体素质，从而可以与射击这种更倾向于脑力运动的项目实现良好的结合。一般来说，一名训练有素的运动员肺活量可以达到 6500 毫升。除此之外，在做缓慢和剧烈呼吸运动的同时，运动员还要做瞄准练习，不仅要依靠意志力维持呼吸运动，同时还可以寻找紧张状态下呼吸韵律感与射击节奏感之间的平衡，从而为真实赛场上的射击状态打下基础。

（二）有效避免射击过程中的视线转移

射击过程中，尤其是运动员扣动扳机的瞬间，其视线的集中程度往往对命中率起着决定性的作用。目前中国射击界年龄最大、资格最老的教练吴淮生曾经做过一个射击过程中视线转移的巧妙实验，以确定细小的视觉刺激对运动员射击中关键性技术要领的影响：在运动员正常射击扣动扳机的前 0.5 秒，用教鞭上的纸片快速挡住枪头的准星 0.2 ~ 0.3 秒。实验表明：这一细微的视觉刺激引起了射击运动员注意力的分散，与正常情况下相比，运动员的射击精度明显降低。据推测可能是由于视觉细胞的突然兴奋，导致眼睛内神经与肌肉动力定型的变化，从而引起扣动扳机瞬间肌肉力量和动作稳定性的改变，使枪体晃动加大，最终直接影响了射击精度。另外，也可能是因为射手视觉受到异常情况的刺激，心理在瞬间发生变化，迫使射击时身体部分细节的晃动，从而影响到最终的射击精度。不管怎么样，突然性的视觉刺激必定会影响运动员的射击精度，在正式的射击赛场上，来自声音、物体等各个方面的刺激是随时都有可能发生的，运动员唯有做好抗干扰能力，才可以在遇到刺激时也能取得良好的成绩。

因此，要想克服这种视觉干扰，我们既要加强瞄准动作的练习，不失时机地提醒自己"视线转移"的危害和影响，强化"视线回收"的心理和动作。经过长期、反复的练习，在射击时，这种集中注意力的意识成为射手身体的一部分，只要进入最后的射击准备状态，运动员就能够具有极强的抗视觉干扰能力，直到射击动作结束。另外，我们还可以在射击运动之外寻找一些提高注意力的方法，比如目前比较常用的"财物法"，它要求运动员长时间注意远方的某一事物，而且尽量减少眨眼的动作。另外，还有"外界干扰法"，即有意在运动员射击时或者仔细观察事物的时候，制造一些突如其来的声音和视觉干扰，使其锻炼"闹中取静"的本领。最终，这些辅助性的训练，可以提高射击运动员注意力的集中程度。在射击运动项目中，视力和其他知觉系统相比，具有极为重要的作用，但并不是主要作用，在射击训练初期的地位应该是比较突出的。随着这些动作系统的制动化以后，人的视觉正如动作系统一样，会成为一种无意识状态，被其他的动觉所代替。因此，前期训练就是为了实现视力为辅，重在培养运动员内在感觉的目的，这才是射击运动中最高水平的视觉训练宗旨。

（三）增强肢体动作本体感的锻炼

射击运动中肢体动作本体感的锻炼是指运动员在扣动扳机的瞬间，身体主要部分肢体动作的力度使用要恰到好处，它主要涉及两个方面，即手臂的稳定性以及手指的触感。

众所周知，从射击运动技术要求的角度来说，运动员在射击时既要保持高度的稳定性，同时又不能过于用力，使枪体缺乏灵活性，从而影响瞄准的精度，因此，这主要取决于手臂肌肉的控制力度。在日常训练中，运动员通常采用两种方式来寻找手臂动作的本体感：首先是锻炼臂力，一些射击队员常常用自制垒弹壳的方法来测量和锻炼手臂动作的稳定性。即使是一些经验丰富的教练和运动员也认为，对于射击运动员来说，如果其动作稳定性在六个自制垒弹壳以下，那么他的发展潜力就很小。其次是需要长期的训练，这样运动员才能把握枪支射击时手臂的力度范围，从而在射击时实现随心应手的目的，也就是我们常说的"射手要经常与枪接触，才能与之建立良好的感情"。

运动员从据枪、瞄准到最后的预压扳机击发是一连串协调的动作，而手指扣动扳机正是其中的关键一环。手指的力度大小决定着枪体的晃动程度，从而影响最终的射击精度。因此，射击运动员手指的本体感觉越好，对于射击时力度大小的把握也就越到位，也就越能达到一触即发的最佳状态。对于手指本体感的把握主要在于运动员平时的训练，"熟能生巧"的道理是对它最为形象的描述。

射击运动"静中求稳"的特点决定了运动员必须在正式比赛中做好各方面的准备，技术训练是取得良好成绩的重要保证，除此之外，还有运动员各个方面心理要素的培养与锻炼。

第三节　射击比赛后的心理疏导

著名心理学家尼克尔曾经提出，目标定向理论是人的行为动机的一种社会认知理论。该理论认为人们在做任何一件事情之前都存在一定的目标定向，或者是学习目标定向或者是成绩目标定向。学习目标定向又被称为任务取向或掌握取向，成绩定向也可以称为自我取向。完成预期行为活动之后，如果目标实现则会产生兴奋的心理状态，如果没有实现则会产生消极懈怠的心理。射击运动是最早发现运动员比赛过程中具有明显的动机行为，比赛结果往往对其将来的训练产生重要影响。因此，做好赛后运动员的心理疏导工作显得尤为重要。

事实上，射击运动比赛结束后，根据比赛结果，运动员大致会产生积极兴奋和消极懈怠两种心理状态。无论哪一种都会对将来的训练和比赛产生重要影响，因此，比赛结束后，教练要根据比赛结果、运动员的性格特征、赛场的表现有针对性地进行心理疏导，从而促进射击运动员职业生涯的健康发展。

一、达到预期目标后的心理疏导

在实现预期目标后，运动员往往处于一种积极兴奋的心理状态，尤其是在一些比较重要的比赛中取得良好成绩的时候，更是极其兴奋，而且这种心理会保持较长的时间。在这种情况下，一部分运动员可能会在接下来的比赛中保持冷静的头脑，认真分析自己成功的原因以及对手特点等；而另外一部分运动员则有可能忘乎所以，认为这完全是自己能力的表现，而不考虑其他外在因素的影响。尤其在当前诸多媒体大肆炒作的情况下，更有可能助长运动员的这种骄傲、兴奋、自信心极强的心态，这样不仅会放松对以后的射击训练，而且在接下来的比赛中，往往会给自己定下较高的目标，并且在比赛中稍有不顺就会陷入极端郁闷的心理，不利于心态的调整。

因此，针对这种自信心极度膨胀的心理，教练一方面要提醒运动员时刻保持冷静的头脑，认真分析比赛的得失，不仅要总结自己的经验教训，另一方面也要总结竞争对手的经验教训。运动员尤其要深刻认识到，这次比赛的成功多少是靠自己的实力，多少是靠外在偶然性的条件，以及自己的不足之处等，从而对自己的射击水平、实力有一个清楚的认识^①。另一方面，教练也要抓好未来的射击训练工作，毕竟，射击技术的精准把握才是射击赛场上取胜的关键，心理因素只是运动员在射击赛场上良好表现的一个必要条件，而不是决定性条件。良好心理素质的形成既存在于日常训练之中，同时也独立于训练之外，取决于个人素质、比赛经验、生活阅历、年龄等，它是一个长期的、日积月累的、无意识培养的过程，运动员要想在射击赛场上取得良好的成绩，就必须把实实在在的射击技术练好。

二、未达到比赛目标后的心理疏导

比赛前，运动员都会有一定的预设目标，或来自教练、上级组织的明确规定，或者是运动员给自己规定的任务。无论哪一种目标类型，如果在比赛过程中没有实现的话，这都会给运动员的心理造成一定的影响。例如，比赛的失败、成绩的下降、观众的辱骂、裁判的偏袒、媒体的批评等都会使运动员在比赛后遭遇到严重挫折，心灰意冷，一蹶不振。在体育界这样的例子比比皆是，世界女子优秀跳高运动员迈法特17岁时就已经获得了奥运会金牌，但由于一次偶然性的失利使她在此后十几年里几乎销声匿迹。因此，比赛结束后，教练对于那些未能达到比赛目标的运动员的心理疏导工作显得尤为重要。

事实上，在运动员的运动生涯中，失败与挫折在所难免。从某种角度上来说，挫折反而更能使运动员总结经验，重创生机，因此，关键是运动员采用什么样的方式来应对这种挫败心理。根据经验，射击运动员大致可以采用四种方式来调节比赛失败后的挫败心理：

---

① 曹希云. 浅析心理训练与射击运动的关系 [J]. 安徽体育科技，2012，33（05）：62-63.

一是采取正确的防卫方式，缓解挫折情绪。运动员在面对挫折的时候，总是想方设法避免或者减轻这种不愉快抑或痛苦的心理。这是一种积极主动的应对挫折的态度，带有某种防卫的性质，因而称为防卫方式，一般来说，主要有认同方式和压抑方式。认同方式也就是认同别人的成功，与对手一起分享快乐；压抑的方式也就是运动员一方面要防止它再度发生，另一方面尽力将它从记忆中或者意识中抹去，重新开始。

二是正确分析失败的原因，坚持自己的努力行为。如果运动员将比赛的失败归因于能力低、目标高、任务难等之类的因素，也就会降低自己的成功希望，从而使失败后的挫折向消极方向转化。反之，如果运动员把失败的原因归咎于自己的努力不够或外界因素等，就会使挫折转向积极面，促使自己以更加努力的态度面对将来的训练和比赛。

三是进行一定程度的心理咨询，克服挫折感或者消沉情绪。

四是加强与相关群体的沟通与交流，获得群体的帮助。所谓信息沟通也就是将一个人的思想和观念传递给其他人，在此过程中可以获取一定的观点和建议。运动员如果能够在比赛失败后积极与教练、队友、亲友、观众、裁判等进行沟通，听取他们的建议，或者积极参加一些集体性的活动，忘却挫折感，反而会更有利。

三、缓解疲劳、解除心理压力的方式

从运动生理学的角度来讲，疲劳是由于劳动强度过大或者时间过长的刺激，大脑皮层所产生的一种机能暂时下降的保护性抑制现象，或在某种工作后，人的心理现象发生紊乱，机能减低的状态。如果不能得到及时有效的恢复性治疗，将对人的生理和心理造成极大的破坏，也就是我们经常说的职业病。众所周知，射击运动是一种以耐力性和静力性为主要特点的运动项目。它对运动员的要求除了身体素质和脑力承受能力之外，还有思想精神方面的投入和心理的承受、调节能力等。在射击比赛过程中，运动员往往需要长时间保持一种姿势，局部肌肉长期处于收缩状态以及短时间的缺氧等，都很容易使运动员的肌肉产生疲劳，造成慢性损伤。另外，随着射击比赛的结束，运动员的大脑皮层兴奋性下降，从而使皮层下功能发生紊乱，最终造成各器官功能的失调，生理上主要表现为食欲不振、情绪低落、反应迟钝、睡眠不好、动作失调、不想训练，甚至厌烦训练等。因此，针对这种现象，教练要采取有效措施缓解运动员的疲劳、减轻压力、紧张或者懈怠的心理状态。具体来说，我们可以采用以下三种方式。

（1）生理调节。射击比赛结束以后，生理调节是最常用的一种解除疲劳的方法，比如按摩、休息、光疗、水浴等，它会使身体内各个器官和其他软组织得到有效的放松。就按摩来说，由于按摩手法多样，既可以推、搓，也可以点、按等，因此，除了请专业的按摩师以外，运动员之间或者队医也可以在比赛的间隙或比赛结束以后进行适当的按摩，以缓解运动员暂时的心理紧张或压力状态。

（2）心理调节。国际运动医学协会主席普罗科普认为："疲劳问题从来都是运动医学的核心问题，疲劳是一个特别复杂的过程，绝不仅仅是一个生理问题，尤其对于像射击这样的以静力性和耐力性为主要特征的运动项目，疲劳问题在很大程度上和运动员的心理因素有关。"因此，比赛结束后的心理调节是必不可少的，它不仅可以使运动员恢复良好的判断力、想象力、记忆力和思维力，同时还可以使其行动准确、迅速、做事充满朝气等。

就射击运动来说，比赛结束后，运动员可以采用催眠法、暗示放松法使疲劳暂时性消失，静力和体力有焕然一新的感觉。

（3）营养调节。射击运动过程中消耗的大量物质需要靠饮食中的营养物质来补充，比如体内大量的糖原、维生素 B、维生素 C 以及无机盐类等物质的消耗，会造成人体疲劳，如果运动员经常在机能状况和机体代谢没有恢复的情况下坚持运动，则会引起代谢过程紊乱，免疫力降低，最终影响训练和比赛结果，甚至是日常活动。因此，安排好膳食对于快速消除疲劳具有极大的帮助。比赛结束后，运动员可以多食用谷类产品、蔬菜、水果与干果等，来补充碳水化合物，也可以饮用果汁、牛奶等，补充葡萄糖，增强体力。除此之外，射击运动员还要经常食用鸡蛋、鱼、肉等富含蛋白质的食物。

总的来说，射击运动员赛后的心理、生理与体力的恢复工作是必不可少的，这既是其身体健康发展的需要，同时也是接下来的射击训练和比赛能够顺利并高效进行的需要。因此，射击运动员要与教练一起正视这方面的问题，并采取有效措施加以解决。

结束语

　　我国射击运动从 20 世纪 50 年代初开始起步，在近 70 年的发展中，边实践边总结经验教训。在借鉴苏联、美国、德国等射击强国的射击理论、方法及成功经验的同时，大兴学习研讨之风，牢牢把握"射击是技心能主导类项目"这条主线，重视心技结合训练，并在此基础上大胆进行理论创新与竞技实践探索，逐步形成中国特色的射击训练理论与方法体系，指导中国射击运动员在国际大赛中取得辉煌的成绩。

参考文献

[1] 巴义名，尤明莲，王锋. 运动心理学在射击运动中的应用研究 [J]. 北京体育大学学报，2002(05)：613-615.

[2] 曹希云. 浅析步枪射击运动的稳定性 [J]. 安徽体育科技，2013，34(06)：41-42+49.

[3] 曹希云. 浅析心理训练与射击运动的关系 [J]. 安徽体育科技，2012，33(05)：62-63.

[4] 常静. 浅析运动心理学在射击运动中的运用 [J]. 当代体育科技，2018，8(26)：54+56.

[5] 陈传生，张翼. 射击运动武器 [J]. 轻兵器，2020(03)：48-55.

[6] 陈雪峰. 论射击运动员选材的特殊性 [J]. 体育风尚，2020（10)：68-69.

[7] 陈昱. 高水平射击运动员心理选材指标的研究 [J]. 首都体育学院学报，2003(03)：95-97.

[8] 程超. 浅谈步枪射击运动的稳定性训练 [J]. 科教文汇（下旬刊)，2019(04)：129-130.

[9] 高博. 射击飞碟多向运动员训练中注意力培养策略研究 [J]. 文体用品与科技，2020(24)：37-38.

[10] 葛焕生，刘伟. 心理训练在射击运动中的重要性分析 [J]. 体育世

界 (学术版)，2012(03)：62-63.

[11] 郭明方，周志宏，黄杰，等．我国射击运动竞技水平现状分析与对策研究 [J]．中国体育科技，2004(02)：80-82.

[12] 郭文．浅谈射击基础训练的重要性 [J]．中华民居 (下旬刊)，2014 (09)：231.

[13] 郭文．浅析射击运动项目的体能训练 [J]．文体用品与科技，2015 (06)：168-169.

[14] 韩淑杰．射击运动员的选材与专项力量的关系 [J]．当代体育科技，2013，3(36)：187+189.

[15] 韩西玲．射击运动中引入运动心理学的探讨 [J]．文体用品与科技，2021(06)：79-80.

[16] 胡兰生，王光宇．影响射击运动员运动成绩心理因素的分析 [J]．哈尔滨体育学院学报，2005(02)：98-99.

[17] 胡亮．浅谈射击运动入门与心理学 [J]．黑龙江科技信息，2009 (09)：124.

[18] 黄春晖．关于力量训练对女子手枪的重要性 [J]．冶金管理，2019 (19)：175.

[19] 黄任宜．运动心理学在射击运动中的运用 [J]．人人健康，2020 (02)：81-82.

[20] 贾宝剑，廖彦罡．射击运动员注意稳定性的眼动研究 [J]．产业与科技论坛，2020，19(05)：71-73.

[21] 姜昕，王涵．培养良好射击心理素质之我见 [J]．沈阳教育学院学报，2011，13(05)：29-30+39.

[22] 焦怡．射击运动员比赛期的自我心理调控分析 [D]．河南大学，2012.

[23] 雷斌.浅谈在射击运动中进行心理训练的意义 [J].体育博览，2011(16)：176.

[24] 李浩坚.射击运动与现代人的个性培养 [J].中国体育教练员，2000(01)：17.

[25] 李浩坚.优秀射击运动员赛前调控理论与方法的研究 [D].上海体育学院，2008.

[26] 李虎.射击运动中的体能训练 [J].课程教育研究，2018（17）：231-232.

[27] 李丽娟.步枪射击运动的稳定性分析 [J].大众投资指南，2018（11）：219.

[28] 李四化，李京诚，刘淑慧.平凡孕育辉煌：射击运动心理服务的使命与价值 [J].首都体育学院学报，2019，31(05)：385-390.

[29] 林泽安.射击运动移动靶项目自我控制能力的训练 [J].宁德师专学报（自然科学版），2010，22(01)：23-25.

[30] 刘佳鑫，谷彦，项晓晓.浅谈射击运动项目赛前思想引导 [J].新西部（理论版），2015(10)：169-170.

[31] 刘杰.抓住运动要素——飞碟多向射击运动的击发动作训练 [J].体育风尚，2018(09)：65.

[32] 刘庆甫.探究如何加强射击运动员的心理训练 [J].体育风尚，2018(07)：27-28.

[33] 刘淑慧，徐守森.正念训练对射击运动心理训练的启示 [J].首都体育学院学报，2013，25(05)：455-458.

[34] 刘天佑.射击运动市场化运营模式研究 [D].清华大学，2012.

[35] 刘雪梅.心理训练在射击运动中的意义和作用 [J].少年体育训练，2004(05)：27.

[36] 刘忠生. 射击运动心理训练中对注意力训练的初探 [J]. 少年体育训练，2010(05)：50.

[37] 鹿洪旭，卢朝阳，高西全，等. 用于射击运动自动判靶的图象校正算法及其实现 [J]. 计算机工程与科学，2001(03)：21-24.

[38] 吕超，王克. 正念训练在射击运动训练中的应用研究 [J]. 当代体育科技，2018，8(13)：165-166.

[39] 马杰，米靖. 基于历史观视角对我国射击运动项目发展规律的研究 [J]. 山东体育学院学报，2017，33(04)：87-91.

[40] 马杰，米靖. 我国射击运动发展的历史回顾 [J]. 运动，2014(14)：38-40+67.

[41] 梅紫萍，习星. 基于无线激光通讯的射击运动训练系统的研究 [J]. 激光杂志，2016，37(09)：96-98.

[42] 牛丹. 提高射击运动员综合训练能力探析 [J]. 漯河职业技术学院学报，2012，11(02)：195-196.

[43] 蒲欢，胡诗语. 浅析射击项目枪支使用安全管理 [J]. 文体用品与科技，2015(12)：31+47.

[44] 齐静. 运动心理学在射击运动中的运用 [J]. 当代体育科技，2017，7(08)：61+63.

[45] 任波. 运动心理学在射击运动中的应用研究 [J]. 赤子 (上中旬)，2015(16)：251.

[46] 任秀琪. 对射击运动员心理因素的研究 [J]. 西安文理学院学报 (自然科学版)，2005(01)：91-93.

[47] 申晶. 探析射击运动员体能训练的有效策略 [J]. 体育风尚，2021(03)：60-61.

[48] 沈慧霞. 我国射击运动后备人才培养的制约因素及发展对策 [J].

现代经济信息，2017(14)：439.

[49] 沈玉洁.关于射击运动项目的体能训练研究 [J].当代体育科技，2018，8(13)：17-18.

[50] 沈玉洁.射击运动中的运动心理学因素影响研究 [J].当代体育科技，2020，10(18)：19+21.

[51] 石岩.我国射击训练的理论创新与竞技实践 [J].中国体育教练员，2019，27(04)：3-7+16.

[52] 苏铁生.浅谈身体训练与射击运动 [J].克山师专学报，2000(03)：73-75.

[53] 孙安.射击运动员心理训练的实践路径解析 [J].当代体育科技，2015，5(21)：53+55.

[54] 佟林.射击运动员心理素质训练探析 [J].辽宁体育科技，2019，41(06)：126-128.

[55] 王洁雨，王跃.射击体育市场运营模式研究 [J].辽宁体育科技，2018，40(01)：25-28.

[56] 王克，吕超.射击运动员常见运动损伤的致因分析与预防策略 [J].当代体育科技，2018，8(17)：16-17.

[57] 王满东.飞碟射击视频反馈系统的研制 [D].河北师范大学，2015.

[58] 王勤.从射击运动的发展历程谈队伍建设与成绩提高 [J].民营科技，2011(02)：63+65.

[59] 王姗姗.射击运动正念训练层级递进结构探讨 [J].文体用品与科技，2015(02)：195+155.

[60] 王勇，杨勇涛.射击运动中的稳定性 [J].湖北体育科技，2010，29(01)：115-117.

[61] 韦科扬.射击运动的生理基础浅析 [J].广西警官高等专科学校学

报，2007(03)：67-68.

[62] 徐守森，刘淑慧.射击运动正念训练层级递进结构研究[J].体育文化导刊，2014(05)：76-79.

[63] 杨安国.射击运动项目赛前思想引导工作的开展[J].知音励志，2016(24)：329.

[64] 杨金鹏.射击运动项目特点与规律分析[J].科技致富向导，2013(08)：91.

[65] 尹根林.射击运动项目体能训练[J].当代体育科技，2017，7(30)：24+26.

[66] 虞飞，庞立勤，胡现玲.射击运动在体育研究领域中的研究进展[J].当代体育科技，2012，2(15)：94+96.

[67] 岳岚.射击运动员运动伤病探讨[J].中外医疗，2010，29(08)：190-191.

[68] 张璁玲.论自然辩证法与射击运动的关系[J].体育风尚，2018(07)：225.

[69] 张广伟.浅谈射击运动项目体能训练[J].科学大众(科学教育)，2012(10)：164.

[70] 朱彩云.我国射击项目发展的影响因素研究[D].北京体育大学，2013.

[71] 邹军.射击运动员心理训练的实践路径解析[J].当代体育科技，2017，7(28)：59-60.